# MairaDB 실전 활용 노하우

카카오 실무자가 알려주는 마리아DB 활용 노하우

## 지은이_ 성동찬

절대 깨어지지 않는 고가용성 데이터 시스템을 만드는 것이 목표인 '개발하는 DBA'다. KTH에서 5년간 개발&DBA 업무를 했고 '티몬'을 거쳐 현재는 '카카오'에서 DBA로 활동하고 있다.

- 블로그 : http://gywn.net
- 트위터 : @gywndi
- 커뮤니티 : http://cafe.naver.com/mysqlpg

**MairaDB 실전 활용 노하우** 카카오 실무자가 알려주는 마리아DB 활용 노하우

**초판발행** 2014년 4월 30일

**지은이** 성동찬 / **펴낸이** 김태헌
**펴낸곳** 한빛미디어(주) / **주소** 서울시 마포구 양화로 7길 83 한빛미디어(주) IT출판부
**전화** 02-325-5544 / **팩스** 02-336-7124
**등록** 1999년 6월 24일 제10-1779호
**ISBN** 978-89-6848-703-3 13000 / **정가** 13,200원

**책임편집** 배용석 / **기획** 김병희 / **편집** 안선화
**디자인** 표지 여동일, 내지 스튜디오 [밈], 조판 김현미
**영업** 김형진, 김진불, 조유미 / **마케팅** 박상용, 서은옥, 김옥현

이 책에 대한 의견이나 오탈자 및 잘못된 내용에 대한 수정 정보는 한빛미디어(주)의 홈페이지나 아래 이메일로 알려주십시오.
**한빛미디어 홈페이지** www.hanbit.co.kr / **이메일** ask@hanbit.co.kr

지금 하지 않으면 할 수 없는 일이 있습니다.
책으로 펴내고 싶은 아이디어나 원고를 메일(ebookwriter@hanbit.co.kr)로 보내주세요.
한빛미디어(주)는 여러분의 소중한 경험과 지식을 기다리고 있습니다.

# 저자 서문

최근 들어 MariaDB가 이슈다. 사실 MariaDB는 MySQL로부터 파생된 또 다른 오픈 소스의 한 줄기로, 기본적인 아키텍처뿐만 아니라 사용 매뉴얼 또한 MySQL과 거의 유사하다. 때문에 MySQL을 잘 활용해온 개발자라면 쉽게 접근할 수 있는 DB라고 생각한다. 필자는 지금까지 MariaDB를 어렵게 느껴온 독자들이 이에 대해 느끼는 진입 장벽을 허물어주고자 집필을 결정했다. 사실 처음 MariaDB 관련 집필을 권유받았을 때, MariaDB에 대한 어떤 내용으로 시작해야 할지 도무지 감을 쉽게 잡을 수 없었다. 그만큼 MySQL과 동일한 부분이 많아서, 내용상 겹치는 부분이 있을 수밖에 없다는 생각이 들었기 때문이다.

이 책에서 다루는 내용 중 일부는 이미 MySQL에 구현된 경우도 있고, MariaDB 관련 버그의 경우 지난해 이미 픽스되어 최신 버전에서는 발생하지도 않는다. 즉, 집필한 내용 중 부는 이미 구식이 된 것도 있다. 그러나 이는 그만큼 MariaDB뿐만 아니라 MySQL도 오픈 소스로서 빠르게 진화하고 있는 결과라고 생각한다.

필자는 단순히 매뉴얼을 해석하기보다 직접 경험하고 테스트 한 결과를 공유하는 자리를 미흡하게나마 마련함으로써, 직접 경험하지 못했던 부분을 간접적으로라도 경험하려는 바람으로 원고를 정리했다. 물론 경험적인 내용에 기초했기 때문에 두서없이 구구절절 적어놓은 부분도 여기저기 눈에 띄는 등 미흡한 부분도 많겠지만, 독자들의 넓은 아량을 믿고 그동안 축적해놓은 자료들을 재해석했다. 이 책에서는 원론적인 데이터베이스에 대해 설명하지 않았지만, MySQL을 사용해왔다면 누구나 쉽게 접근할 수 있을 것이다. 독자들이 마치 소설책을 읽듯 편안한 마음으로 이 책을 읽고 MariaDB로의 진입에 어려움이 없기를, 도움을 얻기를 바란다.

여전히 늦은 원고 때문에 매번 고생하는 한빛미디어 관계자분께는 늘 죄송스러운 마음이다. 그런 와중에도 항상 밝게 웃으며 격려해주고 용기를 잃지 말라며 기운을 북돋아 주셔서 늘 감사한다. 어느새 둘째가 태어나고 두 아이의 아빠가 되었다. 회사에서 집에 돌아오면 여전히 반겨주는 첫째 강아지 효주(gywn)와 엉금엉금 기어와 내 품에 안기는 막내 효창, 두 아이의 시중을 드느라 신경이 곤두선 상황에서도 늘 나를 응원해주는 멋진 아내에게 깊은 감사를 전한다.

집필을 마치며
저자 **성동찬**

# 한빛 eBook 리얼타임

한빛 eBook 리얼타임은 IT 개발자를 위한 eBook입니다.

요즘 IT 업계에는 하루가 멀다 하고 수많은 기술이 나타나고 사라져 갑니다. 인터넷을 아무리 뒤져도 조금이나마 정리된 정보를 찾는 것도 쉽지 않습니다. 또한 잘 정리되어 책으로 나오기까지는 오랜 시간이 걸립니다. 어떻게 하면 조금이라도 더 유용한 정보를 빠르게 얻을 수 있을까요? 어떻게 하면 남보다 조금 더 빨리 경험하고 습득한 지식을 공유하고 발전시켜 나갈 수 있을까요? 세상에는 수많은 종이책이 있습니다. 그리고 그 종이책을 그대로 옮긴 전자책도 많습니다. 전자책에는 전자책에 적합한 콘텐츠와 전자책의 특성을 살린 형식이 있다고 생각합니다.

한빛이 지금 생각하고 추구하는, 개발자를 위한 리얼타임 전자책은 이렇습니다.

1. eBook Only - 빠르게 변화하는 IT 기술에 대해 핵심적인 정보를 신속하게 제공합니다.

500페이지 가까운 분량의 잘 정리된 도서(종이책)가 아니라, 핵심적인 내용을 빠르게 전달하기 위해 조금은 거칠지만 100페이지 내외의 전자책 전용으로 개발한 서비스입니다. 독자에게는 새로운 정보를 빨리 얻을 수 있는 기회가 되고, 자신이 먼저 경험한 지식과 정보를 책으로 펴내고 싶지만 너무 바빠서 엄두를 못 내는 선배, 전문가, 고수 분에게는 보다 쉽게 집필할 수 있는 기회가 될 수 있으리라 생각합니다. 또한 새로운 정보와 지식을 빠르게 전달하기 위해 O'Reilly의 전자책 번역 서비스도 하고 있습니다.

2. 무료로 업데이트되는, 전자책 전용 서비스입니다.

종이책으로는 기술의 변화 속도를 따라잡기가 쉽지 않습니다. 책이 일정 분량 이상으로 집필되고 정리되어 나오는 동안 기술은 이미 변해 있습니다. 전자책으로 출간된 이후에도 버전 업을 통해 중요한 기술적 변화가 있거나 저자(역자)와 독자가 소통하면서 보완하여 발전된 노하우가 정리되면 구매하신 분께 무료로 업데이트해 드립니다.

3. 독자의 편의를 위하여 DRM-Free로 제공합니다.

구매한 전자책을 다양한 IT 기기에서 자유롭게 활용할 수 있도록 DRM-Free PDF 포맷으로 제공합니다. 이는 독자 여러분과 한빛이 생각하고 추구하는 전자책을 만들어 나가기 위해 독자 여러분이 언제 어디서 어떤 기기를 사용하더라도 편리하게 전자책을 볼 수 있도록 하기 위함입니다.

4. 전자책 환경을 고려한 최적의 형태와 디자인에 담고자 노력했습니다.

종이책을 그대로 옮겨 놓아 가독성이 떨어지고 읽기 힘든 전자책이 아니라, 전자책의 환경에 가능한 한 최적화하여 쾌적한 경험을 드리고자 합니다. 링크 등의 기능을 적극적으로 이용할 수 있음은 물론이고 글자 크기나 행간, 여백 등을 전자책에 가장 최적화된 형태로 새롭게 디자인하였습니다.

앞으로도 독자 여러분의 충고에 귀 기울이며 지속해서 발전시켜 나가도록 하겠습니다.

# 차례

# 1 | MariaDB 소개

MariaDB[01]라고 하면 굉장히 생소한 개념의 'DBMS<sup>Database Management System</sup>[02]'라고 생각하기 쉽다. MySQL에 쉽게 접근하여 잘 활용하던 사람도 MariaDB 앞에서는 주춤하곤 한다. 아마도 MariaDB라는 생소한 이름 때문에 개발자들이 어렵게 느끼는 것 같다. 사실 MariaDB는 MySQL과 다르지 않다. MariaDB는 MySQL의 오픈 소스를 기반으로 만들어진 DBMS로, '기본 구조'와 '사용 방법'이 동일하기 때문이다. 1장에서는 MariaDB가 아직 생소하거나 이제 막 사용하기 시작한 독자를 위해 MariaDB란 무엇인지 간단히 소개할 것이다. MariaDB를 어느 정도 알고 있는 독자라면 2장부터 학습할 것을 권한다.

## 1.1 MariaDB란 무엇인가

MySQL은 오픈 소스 DBMS로, '단순 쿼리 처리' 성능은 어떤 제품보다 압도적이다. 그 때문에 이미 오랜 기간 사용됐으며 그 과정에서 성능이 꾸준히 개선된, 신뢰할 만한 제품이다. 그러나 기능적인 면에서 상용 DBMS와 비교하면 떨어지는 부분이 있다.

알려진 바와 같이 MySQL은 2008년에 썬마이크로시스템즈[03]로 합병되었고, 2010년에 썬마이크로시스템즈는 오라클<sup>Oracle</sup>에 합병되었다. 그 과정에서 MySQL LAB에 소속돼 있던 많은 엔지니어가 독립해 각자의 프로젝트를 생성했는데, 그 중 MySQL의 창시자이자 오랜 기간 테크니컬 리더로 활동하던 몬티 와이드니어

---

01 http://ko.wikipedia.org/wiki/MariaDB
02 DBMS(데이터 관리 시스템)는 다수의 사용자가 데이터베이스 내의 데이터에 접근할 수 있도록 해주는 소프트웨어 도구의 집합이다. DBMS는 사용자 또는 다른 프로그램의 요구를 처리하고 적절히 응답하여 데이터를 사용할 수 있도록 해준다. [출처: 위키백과(ko.wikipedia.co.kr)]
03 http://ko.wikipedia.org/wiki/썬마이크로시스템즈

스[Monty Widenius]가 만든 프로젝트가 바로 'MariaDB'이다(여담이지만 MySQL와 MariaDB는 몬티의 딸 이름을, MaxDB는 아들 이름을 땄다).

**그림 1-1** MariaDB와 MySQL은 같은 유전자를 가지고 있다.

앞서 언급한 대로 MariaDB는 MySQL 소스를 기반으로 만들어진 기능이 더욱 좋아진 MySQL이라 할 수 있다. MySQL이 오라클로 인수되면서 삭제된 기능, 이를테면 'Thread Pool'이 MariaDB에서는 여전히 제공되고 있으며 MariaDB에서 확장한 기능이 MySQL에 반영되기도 했다. 물론 MySQL의 기능이 MariaDB에 반영되기도 했다. 이처럼 MySQL과 MariaDB는 밀접한 관계를 유지하고 있다.

MariaDB는 'GPL v2'[04] 라이선스에 따르기 때문에 라이선스 정책에서 상당히 자유롭다. '오라클이 MySQL을 유료화하면 어떻게 하나' 걱정하고 있다면, MariaDB 사용을 고려해보는 것도 좋다.

그럼 이제 MariaDB에 대해서 간단하게 살펴보자.

## 1.2 MariaDB 간략하게 살펴보기

MariaDB의 전체적인 구성에 대해 별도로 그려둔 곳은 없다. 기본적인 골격뿐만 아니라 데이터를 처리하는 흐름 또한 MySQL과 완벽하게 일치하기 때문이다. 즉, MariaDB의 구조를 보고자 한다면 다른 곳에서 찾을 것이 아니라 MySQL 관련 문서[05] 를 참조하면 된다.

---

04  http://www.gnu.org/licenses/gpl.html
05  http://dev.mysql.com/doc/

물론 MariaDB가 MySQL에 비해 기능이 추가된 DBMS인만큼, 추가 요소가 있다는 것은 알아두도록 한다. 그림 1-2는 MySQL 아키텍처를 보여주고자 MariaDB 관련 기능을 추가하여 표현한 그림이다.

그림 1-2  MariaDB 구조

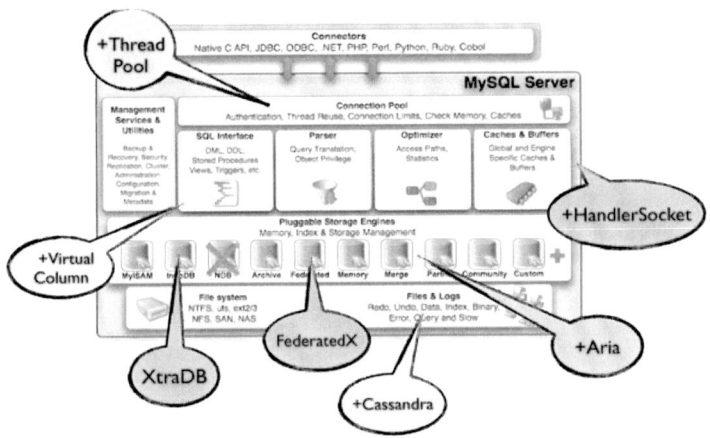

그림을 보고 눈치챈 사람도 있겠지만, 기능 요소가 추가 혹은 강화된 것 외에는 MySQL과 비교하여 달라진 점이 없기 때문에 클라이언트 Connector 또한 MySQL 에서 사용하던 대로 사용해도 무관하다. Thread Pool, 강화된 스토리지 엔진 (InnoDB → XtraDB, Federated → FederatedX), 새로운 스토리지 엔진(Aria, Cassandra), 새로운 플러그인(HandlerSocket), 새로운 기능(Virtual Column) 등이 MariaDB에 포팅되어 있다.

● 스레드 풀Thread Pool

MySQL은 클라이언트와의 커넥션을 스레드Thread 방식으로 관리하는데, 스레드 가 많아지면 그것을 관리하는 것 자체가 부담이다. MariaDB에서는 스레드를 풀 Pool로 관리하여, 커넥션이 늘어날 때마다 스레드가 늘어나지 않도록 유지한다

(이 기능은 MySQL 5.1버전에서는 사라졌던 기능이다). 그래서 클라이언트에서 몇천 개의 커넥션을 생성하더라도 내부적으로 동작하는 스레드 수는 수십 개 정도로 제한되어, 내부 리소스를 획기적이며 효율적으로 사용할 수 있다.

## ● 개선된 스토리지 엔진

InnoDB는 Percona 사의 XtraDB로 대체되었다. 그리고 다른 서버에 있는 테이블을 참조하기 위한 스토리지 엔진인 Federated가 강화된 기능과 함께 FederatedX라는 이름으로 새롭게 포팅되었다.

## ● 추가된 스토리지 엔진

MyISAM을 대체하기 위해 몬티Monty 진영에서 직접 개발한 Aria 스토리지 엔진을 비롯해 Cassandra와 직접 통신할 수 있는 Cassandra 스토리지 엔진이 추가되었다.

## ● 개선된 기능

InnoDB(XtraDB)와 직접 통신하여 데이터 처리 속도를 획기적으로 늘린 HandlerSocket과 가상의 칼럼을 생성할 수 있는 기능, 다양해진 옵티마이징 기능 등이 추가되었다.

위의 내용은 차근차근 살펴보도록 하고, 우선 필자가 MariaDB에 접속한 화면 내용을 보도록 하자. 많이 익숙한 내용일 텐데, 'MySQL' 문구가 'MariaDB'로 변경된 것 외에는 달라진 것이 없다.

```
Welcome to the MariaDB monitor.  Commands end with ; or \g.
Your MariaDB connection id is 5547
Server version: 5.5.24-MariaDB-log MariaDB Server

Copyright (c) 2000, 2012, Oracle, Monty Program Ab and others.
```

```
Type 'help;' or '\h' for help. Type '\c' to clear the current input statement.

MariaDB [(none)]>
```

MariaDB에 대한 기술지원은 MariaDB에 새로 추가된 기능의 매뉴얼에 한해 공식 웹사이트(https://mariadb.org)에서 제공하고 있다. 다만 모든 요소를 하나하나 매뉴얼을 만들어 제공하지는 않으니, 기본적인 요소는 MySQL 관련 웹사이트(http://dev.mysql.com)의 문서를 참고하기 바란다.

이쯤 되면 MariaDB를 특별하게만 생각하던 독자도 슬슬 MariaDB가 MySQL과 크게 다르지 않다는 것을 느꼈을 것이다. 다시 한 번 강조하지만, MariaDB는 MySQL의 소스를 기반으로 만들어지되 기능이 좋아진 DBMS이다.

자! 이제부터 MariaDB에 대해 차근차근 알아보자.

# 2 | MariaDB 시작하기

## 2.1 MariaDB 설치

MariaDB를 사용하려면 먼저 DB를 서버에 설치해야 한다. 2장에서는 MariaDB의 설치 방법, MySQL에 있는 데이터를 MariaDB로 이관하는 방법, MariaDB 사용 시 주의 사항에 대해서 알아볼 것이다. 이 방법은 리눅스[Linux]를 기반으로 작성했으며 미리 컴파일된 파일로 DB를 설치했다.[01]

### 2.1.1 OS 설정

다음과 같이 dba 그룹을 추가하고 그 밑에 mysql 계정을 추가한다. MariaDB는 MySQL과 동일한 소스에서 나온 DB이므로, MySQL를 설치할 때 수행했던 방법과 큰 차이가 없다.

```
$ groupadd -g 600 dba
$ useradd -g 600 -u 605 mysql
$ passwd mysql
```

계정이 추가되면 다음과 같이 리눅스에서 세션 관련 Limit 항목을 변경한다.

```
$ vi /etc/security/limits.conf
##하단 추가
mysql          soft    nproc  8192
mysql          hard    nproc  16384
```

---

01  MariaDB 윈도우 버전은 마우스 클릭 몇 번만으로 쉽게 설치할 수 있다. 그리고 일반적으로 리눅스에서 MariaDB를 많이 사용하기 때문에 이 책에서도 리눅스 기반으로 설명한다.

```
mysql            soft      nofile 8192
mysql            hard      nofile 65536
$ vi /etc/pam.d/login
## 하단 추가
session    required   pam_limits.so

$ vi /etc/profile
## 하단 추가
if [ $USER = "mysql" ]; then
if [ $SHELL = "/bin/ksh" ]; then
ulimit -p 16384
ulimit -n 65536
else
ulimit -u 16384 -n 65536
fi
fi
```

여기까지 완료했다면 이제 MariaDB 바이너리 파일을 다운받을 차례다. 단 MariaDB 바이너리 파일을 다운받기 전에 먼저 리눅스 버전을 확인한 뒤 MariaDB 공식 사이트[02]에 들어가서 OS에 맞는 적절한 설치 파일을 다운받기 바란다. 리눅스 버전을 확인하는 방법은 다음과 같다.

```
## OS 버전 확인 ##
uname -a
Linux ..중략.. EDT 2010 x86_64 x86_64 x86_64 GNU/Linux
## glibc 버전 확인
$ getconf -a | grep libc
GNU_LIBC_VERSION              glibc 2.12
```

---

02  https://downloads.mariadb.org/mariadb/

실행 시 'x86_64'가 있으면 64비트고, 'i686'이 있으면 32비트다. 또한 glibc 버전을 확인하여 현재 시스템에 맞는 DB를 다운받는다. 필자는 리눅스 64비트의 glibc2.12 버전이라서 다음 파일을 다운받았다.

**그림 2-1** MariaDB 설치 파일 다운로드

| | | | | | |
|---|---|---|---|---|---|
| mariadb-5.5.34-solaris11-x86_64.tar.gz | gzipped tar file | Solaris 11 64-bit | 194 5 MB | MD5 | Instructions |
| mariadb-5.5.34-solaris10-x86_64.tar.gz | gzipped tar file | Solaris 10 64-bit | 228 1 MB | MD5 | Instructions |
| mariadb-5.5.34-linux-x86_64.tar.gz (requires GLIBC_2.14+) | gzipped tar file | Linux 64-bit | 285 9 MB | MD5 | Instructions |
| mariadb-5.5.34-linux-x86_64.tar.gz | gzipped tar file | Linux 64-bit | 220 4 MB | MD5 | Instructions |
| mariadb-5.5.34-linux-i686.tar.gz (requires GLIBC_2.14+) | gzipped tar file | Linux 32-bit | 268 8 MB | MD5 | Instructions |
| mariadb-5.5.34-linux-i686.tar.gz | gzipped tar file | Linux 32-bit | 212 7 MB | MD5 | Instructions |

이제 설치 파일을 "/usr/local"로 가져가서 압축을 해제하고 심볼릭 링크를 만든다.[03]

```
$ mv mariadb-5.5.33a-linux-x86_64.gz.tar /usr/local
$ cd /usr/local
$ tar xzvf mariadb-5.5.33a-linux-x86_64
$ ln -s mariadb-5.5.29-linux-x86_64/ mysql
```

여기까지 제대로 했다면 개인 설정에 따라 디렉터리와 설정 파일을 구성한다. 그러면 설치가 완료된다.

---

03  바이너리 파일을 풀고 디렉터리 및 설정 파일만 구성해주면 MariaDB를 구동할 수 있는 상태가 된다.

## 2.1.2 MariaDB 기본 설정

MariaDB는 MySQL과 마찬가지로 DB가 구동되면서 "/etc/my.cnf"를 사용한다. 사용 케이스에 따라 다르게 설정할 수 있는데, 테스트 용도로는 다음과 같이 설정해도 크게 문제가 없다. 물론 시스템에 따라 조금씩 변경하여 사용해도 괜찮다.

```
[client]
port = 3306
socket = /tmp/mysql.sock

[mysqld]

# generic configuration options
port = 3306
socket = /tmp/mysql.sock
back_log = 100
max_connections = 500
max_connect_errors = 10
table_open_cache = 2048
max_allowed_packet = 16M
join_buffer_size = 8M
read_buffer_size = 2M
read_rnd_buffer_size = 16M
sort_buffer_size = 8M
query_cache_type = 0
default_storage_engine = innodb
thread_stack = 256K
max_heap_table_size = 16M
tmp_table_size = 16M
log_bin_trust_function_creators = 1
secure_auth = 1
skip_external_locking
```

```
skip_symbolic_links

## config server and data path
basedir = /usr/local/mysql
datadir = /data/mysql/mysql-data
tmpdir = /data/mysql/mysql-tmp
log_bin = /data/mysql/mysql-binlog/mysql-bin
relay_log = /data/mysql/mysql-binlog/mysql-relay
innodb_data_home_dir = /data/mysql/mysql-data
innodb_log_group_home_dir = /data/mysql/mysql-iblog

## config character set
character_set_server = utf8
collation_server = utf8_general_ci

## bin log
binlog_format = row
binlog_cache_size = 4M

## Replication related settings
server_id = 1
expire_logs_days = 3
log_slave_updates

## MyISAM Specific options
key_buffer_size = 32M
myisam_sort_buffer_size = 8M
myisam_max_sort_file_size = 16M
myisam_repair_threads = 1
myisam_recover = FORCE,BACKUP

## INNODB Specific options
```

```
innodb_additional_mem_pool_size = 16M
innodb_buffer_pool_size = 2G
innodb_data_file_path = ibdata1:100M:autoextend
innodb_file_per_table = 1
innodb_purge_threads = 1
innodb_additional_mem_pool_size = 16M
innodb_buffer_pool_size = 2G
innodb_io_capacity = 500
innodb_max_dirty_pages_pct = 75
innodb_checkpoint_age_target = 1500000000
innodb_flush_log_at_trx_commit = 0
innodb_adaptive_flushing = ON
innodb_adaptive_flushing_method = estimate
innodb_flush_method = ALL_O_DIRECT
innodb_adaptive_hash_index = OFF
innodb_log_file_size = 1500M
innodb_log_files_in_group = 2
innodb_log_buffer_size = 32M

thread_handling=pool-of-threads

## Thread Pool
thread_pool_idle_timeout = 3600
thread_pool_stall_limit = 100
extra_port=3307
extra_max_connections=10

[mysqldump]
quick
max_allowed_packet = 16M

[mysql]
```

```
no_auto_rehash

[mysqld_safe]
open_files_limit = 8192
```

설정 파일에서 설정하기로 정한 디렉터리를 생성하고 mysq:dba로 권한을 변경한다. 생성한 디렉터리가 root 권한이므로 mysql:dba 계정이 디렉터리를 사용할 수 있도록 하기 위함이다.

```
mkdir -p /data/mysql/mysql-data
mkdir -p /data/mysql/mysql-tmp
mkdir -p /data/mysql/mysql-binlog
mkdir -p /data/mysql/mysql-ibdata
chown -R mysql.dba /usr/local/mysql /data/mysql /etc/my.cnf
```

다음 단계로 MariaDB에서 기본적으로 사용할 스키마를 생성한다.

```
cd /usr/local/mysql
./scripts/mysql_install_db --user=mysql
```

위 과정에서 에러가 발생하지 않았다면 DB를 구동한다. 만약 DB를 구동하는 도중 에러가 발생한다면, '/data/mysql/mysql-data/호스트명.err' 파일을 확인하여 수정하면 된다.

```
cp support-files/mysql.server /etc/init.d/mysqld
/etc/init.d/mysqld start
```

## 2.2 MySQL에서 MariaDB로 데이터 이관

이미 MySQL을 사용하고 있던 독자라면 사용하던 MySQL을 MariaDB로 이관하고 싶을 것이다. 필자 역시 기존에 사용하던 MySQL의 데이터를 MariaDB로 이관하여 사용했는데 데이터의 누락이나 에러 없이 잘 이관되었다.

이번 섹션에서는 MySQL의 데이터를 MariaDB로 이관하는 절차에 관해 알아볼 것이다. 여기서는 MySQL 5.5 버전을 MariaDB 5.5 버전으로 변경했다. MySQL의 데이터를 MariaDB로 이관하는 방법은 다음과 같이 두 가지다.

- mysqldump를 활용한 데이터 이관
- 데이터 파일 복사를 통한 이관

이제부터 하나씩 자세히 살펴보자.

### 2.2.1 mysqldump를 활용한 데이터 이관

'mysqldump'는 MySQL의 내부 유틸리티로, 이것을 이용하면 MySQL의 데이터를 추출하여 MariaDB로 이관할 수 있다. 먼저 다음과 같이 DB 데이터를 추출한다.

```
[root@mysql]$ mysqldump -uroot -p --single-transaction --master-data=2
--triggers=false --routines=true --all-databases > full.sql
```

위에서 사용한 옵션을 간단하게 살펴보자.

- --single-transaction
  단일 트랜잭션으로 데이터 추출을 수행하여 'Global Lock'[04] 없이 추출하겠다는 것을 의미하며, InnoDB와 같이 MVCC를 지원하는 스토리지 엔진에서는 시점

---

04 특정 시점의 데이터를 얻기 위해 다른 세션이 데이터를 변경할 수 없도록 DB 전체에 Lock을 거는 기능이다.

데이터[05]를 추출할 수 있다.

- --master-data

  사용하는 테이블 엔진(시스템 테이블 제외)이 InnoDB로만 이루어진 경우, 서버의 현재 바이너리 로그 포지션을 덤프 파일에 기록한다. 포지션은 일반적으로 덤프 파일의 23번째 줄에 기록되어 있다.

- --triggers

  트리거가 있는 경우, Import 도중 트리거로 인해 데이터가 망가질 수 있다. 이 경우를 방지하기 위해 덤프 파일에서는 트리거를 제외한다.

- --routines

  mysqldump 유틸리티에서 Function과 Procedure의 추출 옵션은 기본적으로 꺼져 있다. 덤프 파일에 포함되도록 옵션을 true로 한다.

- --all-databases

  모든 데이터베이스를 추출한다. 부분적으로 데이터를 추출하려면 다음 옵션을 사용하기 바란다.

  --databases [디비명]
  --databases [디비명] --tables [테이블1] [테이블2] ..

트리거가 있다면 트리거 추출을 별도로 실행한다. 트리거 추출은 기본적으로 True 이기는 하지만, 데이터 이관 시에는 없는 상태에서 진행하는 것이 더욱 효율적이므로 앞선 데이터 추출에서는 제외했다(insert 시 별도의 연산을 하기 때문에 효율적이지 않으며, 타 테이블을 변경하는 트리거일 경우 잘못하면 데이터 신뢰성이 떨어질 수 있다).

---

05  특정 시점의 데이터를 의미한다.

```
[root@mysqlariadb]$ mysqldump -uroot -p --single-transaction --triggers=true
--no-data --no-create-info --all-databases > triggers.sql
```

위 과정이 정상적으로 완료되면 MariaDB에서 데이터를 import한다. Import하는 방법은 다음과 같다.

```
[root@mariadb]$ mysql -uroot -p < full.sql
[root@mariadb]$ mysql -uroot -p < triggers.sql
```

"Insert into .." 구문으로 모든 데이터를 쿼리 기반으로 DB에 넣기 때문에 상당한 시간이 소요된다. 모든 과정이 완료되면 mysql_upgrade를 실행하여 버전에 따라 변경된 스키마를 업데이트한다.

```
[root@mariadb]$ /usr/local/mysql/bin/mysql_upgrade -uroot -p

Phase 1/3: Fixing table and database names
Phase 2/3: Checking and upgrading tables
Processing databases
information_schema
db1
db1.table1                              OK
db1.table2                              OK
db1.table3                              OK
db1.table4                              OK
db1.table5                              OK
db1.table6                              OK
db1.table7                              OK
db2
db2.table1                              OK
```

```
db2.table2                                 OK
db2.table3                                 OK
db2.table4                                 OK
db2.table5                                 OK
db2.table6                                 OK
db2.table7                                 OK
mysql
mysql.columns_priv                         OK
mysql.db                                   OK
mysql.event                                OK
mysql.func                                 OK
mysql.help_category                        OK
mysql.help_keyword                         OK
mysql.help_relation                        OK
mysql.help_topic                           OK
mysql.host                                 OK
mysql.ndb_binlog_index                     OK
mysql.plugin                               OK
mysql.proc                                 OK
mysql.procs_priv                           OK
mysql.proxies_priv                         OK
mysql.servers                              OK
mysql.tables_priv                          OK
mysql.time_zone                            OK
mysql.time_zone_leap_second                OK
mysql.time_zone_name                       OK
mysql.time_zone_transition                 OK
mysql.time_zone_transition_type            OK
mysql.user                                 OK
performance_schema
Phase 3/3: Running 'mysql_fix_privilege_tables'...
OK
```

최종적으로 DB를 재시작하여 데이터 이관을 마무리한다. 이관된 데이터가 큰 문제없이 정상적으로 잘 출력된다면, MySQL에서 MariaDB로의 데이터 이관이 성공적으로 완료된 것이다.[06]

```
[root@mariadb]$ /etc/init.d/mysqld restart
```

## 2.2.2 데이터 파일 복사를 통한 이관

앞서 살펴본 바와 같이 mysqldump를 사용하여 데이터를 이관하면 테이블이 깔끔하게 다시 생성되므로 가장 신뢰할 수 있는 방법이라고 할 수 있다. 그러나 이 방법은 기본적으로 모든 데이터를 SQL문으로 이관하기 때문에 속도면에서는 떨어진다. 데이터가 몇백 기가(GB)인 경우에는 수일이 소요될 수도 있다.

계속 언급하는 바이지만 MariaDB는 MySQL과 다르지 않다. 때문에 MySQL에서 사용하는 데이터 파일을 그대로 복사해 가져가서 사용해도 무관하다.

먼저 MySQL DB를 Shutdown하고 데이터 파일을 MariaDB로 이동한다. 이때는 MySQL 데이터 파일과 InnoDB 관련 파일이 필요하다. 파일 디렉터리 위치는 다음과 같이 확인할 수 있다.

[원본 MySQL서버]

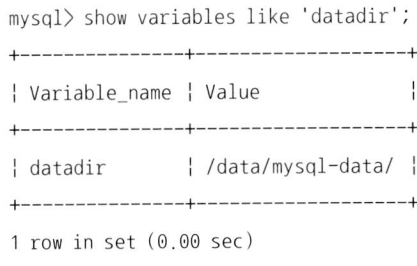

```
mysql> show variables like 'datadir';
+---------------+------------------+
| Variable_name | Value            |
+---------------+------------------+
| datadir       | /data/mysql-data/ |
+---------------+------------------+
1 row in set (0.00 sec)
```

---

06  각 데이터가 정상적으로 보이면 이관이 완료된 것이다.

```
mysql> show variables like 'innodb_data_home_dir';
+----------------------+------------------+
| Variable_name        | Value            |
+----------------------+------------------+
| innodb_data_home_dir | /data/mysql-data |
+----------------------+------------------+
1 row in set (0.00 sec)

mysql> show variables like 'innodb_log_group_home_dir';
+---------------------------+-------------------+
| Variable_name             | Value             |
+---------------------------+-------------------+
| innodb_log_group_home_dir | /data/mysql-iblog |
+---------------------------+-------------------+
1 row in set (0.00 sec)
```

## [신규 MariaDB]

```
MariaDB [(none)]> show variables like 'datadir';
+---------------+------------------------+
| Variable_name | Value                  |
+---------------+------------------------+
| datadir       | /data/mysql/mysql-data/ |
+---------------+------------------------+
1 row in set (0.00 sec)

MariaDB [(none)]> show variables like 'innodb_data_home_dir';
+----------------------+-----------------------+
| Variable_name        | Value                 |
+----------------------+-----------------------+
| innodb_data_home_dir | /data/mysql/mysql-data |
+----------------------+-----------------------+
```

```
1 row in set (0.00 sec)

MariaDB [(none)]> show variables like 'innodb_log_group_home_dir';
+------------------------+------------------------+
| Variable_name          | Value                  |
+------------------------+------------------------+
| innodb_log_group_home_dir | /data/mysql/mysql-iblog |
+------------------------+------------------------+
1 row in set (0.00 sec)
```

다음의 표 2-1은 위 내용을 정리한 것이다.

**표 2-1** MySQL에서 MariaDB로 이관한 파일 목록

|  | FROM (MySQL) | TO (MariaDB) |
|---|---|---|
| datadir | /data/mysql-data/ | /data/mysql/mysql-data/ |
| innodb_data_home_dir | /data/mysql-data/ | /data/mysql/mysql-data/ |
| innodb_log_group_home_dir | /data/mysql-iblog | /data/mysql/mysql-iblog |

양쪽 DB를 모두 Shutdown하고, scp 유틸리티를 사용하여 데이터를 MariaDB에 이관한다. 양쪽 DB가 구동되지 않은 상태여야 하므로, 반드시 확인하고 이관을 진행하기 바란다. 다음은 MariaDB와 MySQL을 Shutdown한 후, MySQL에 있는 데이터를 MariaBD로 이관하는 방법이다.

[MariaDB]

```
[root@mariadb]$ /etc/init.d/mysqld stop
[root@mariadb]$ rm -rf /data/mysql/mysql-data/*
[root@mariadb]$ rm -rf /data/mysql/mysql-iblog/*
```

[MySQL]

```
[root@mysql]$ /etc/init.d/mysqld stop
[root@mysql]$ scp -r /data/mysql-data/* root@mariadb:/data/mysql/mysql-data
[root@mysql]$ scp -r /data/mysql-iblog/* root@mariadb:/data/mysql/mysql-iblog
```

바이너리 로그나 에러 로그 같은 항목은 이동하지 않아도 된다. 따라서 관련 파일
들을 일시적으로 다른 디렉터리로 옮겨놓고 위 과정을 수행하면 데이터 전송 시간
을 더욱 단축할 수 있다.

데이터가 MariaDB로 정상 복사되었다면 권한을 다시 설정한 후 DB를 구동한다.

```
[root@mariadb]$ chown -R mysql:dba /data/mysql
[root@mariadb]$ /etc/init.d/mysqld start
```

DB가 큰 문제없이 올라왔다면 앞서 수행했던 mysql_upgrade를 다시 수행하여
최종적으로 DB 이관을 마무리한다.

```
[root@mariadb]$ /usr/local/mysql/bin/mysql_upgrade -uroot -p

Phase 1/3: Fixing table and database names
Phase 2/3: Checking and upgrading tables
Processing databases
information_schema
db1
db1.table1                          OK
db1.table2                          OK
db1.table3                          OK
db1.table4                          OK
```

```
db1.table5                               OK
db1.table6                               OK
db1.table7                               OK
db2
db2.table1                               OK
db2.table2                               OK
db2.table3                               OK
db2.table4                               OK
db2.table5                               OK
db2.table6                               OK
db2.table7                               OK
mysql
mysql.columns_priv                       OK
mysql.db                                 OK
mysql.event                              OK
mysql.func                               OK
mysql.help_category                      OK
mysql.help_keyword                       OK
mysql.help_relation                      OK
mysql.help_topic                         OK
mysql.host                               OK
mysql.ndb_binlog_index                   OK
mysql.plugin                             OK
mysql.proc                               OK
mysql.procs_priv                         OK
mysql.proxies_priv                       OK
mysql.servers                            OK
mysql.tables_priv                        OK
mysql.time_zone                          OK
mysql.time_zone_leap_second              OK
mysql.time_zone_name                     OK
mysql.time_zone_transition               OK
mysql.time_zone_transition_type          OK
```

```
mysql.user                                      OK
performance_schema
Phase 3/3: Running 'mysql_fix_privilege_tables'...
OK
```

MySQL 버전을 변경하는 것과 MySQL에서 MariaDB로 이관하는 절차는 거의 유사하다. 다시 한 번 강조하지만 MariaDB는 MySQL과 전혀 다른 DBMS가 아니라, 기능이 조금 확장된 버전이라고 생각하면 된다. MariaDB를 시작하는 것 자체에 거부감이 있었던 독자에게 도움이 되었기를 바란다.

## 2.3 MariaDB 사용 시 주의 사항

최근 MariaDB가 주목받으면서 무조건 좋은 DB로만 인식되고 있는데 한 가지 알아야 할 점이 있다. MariaDB에 새로운 기능이 추가된다는 것은, 즉 그동안 알려지지 않았던 버그가 발생할 수 있다는 의미도 된다. 이번 섹션에서는 간단한 버그 한 가지를 살펴볼 것이다.

MariaDB 5.5.24 버전까지는 Distinct 카운트를 실행할 경우 결과가 0건으로 나오는 버그가 있었다. max_heap_table_size와 tmp_table_size가 작게 할당되면 이와 관련한 문제가 발생하는 것으로 추측되는데, max_heap_table_size와 tmp_table_size의 파라미터를 상향 조정하여 쿼리를 실행하면 결과가 정상적으로 나온다. 이 문제로 인해, MySQL에서는 정상적으로 수행되는 쿼리가 MariaDB로 넘어오면서 잘못된 통계 지표가 나오는 경우가 발생했다.

■ Schema

관련 문제가 발생했던 데이터 스키마는 다음과 같다.

```
CREATE TABLE `test_table` (
```

```
`user_id` varchar(20) NOT NULL DEFAULT '',
`login_time` datetime NOT NULL DEFAULT '0000-00-00 00:00:00',
PRIMARY KEY (`login_time`,`user_id`)
) PARTITION BY RANGE COLUMNS(login_time)
(PARTITION p_20121223 VALUES LESS THAN ('2012-12-23'),
 PARTITION p_20121224 VALUES LESS THAN ('2012-12-24'),
 PARTITION p_20121225 VALUES LESS THAN ('2012-12-25'),
 PARTITION p_20121226 VALUES LESS THAN ('2012-12-26'));
```

각 파티션의 데이터는 약 2G 정도다.

```
-rw-rw---- 1 mysql dba 2.0G 12월 23 00:03 test_table#P#p_20121223.ibd
-rw-rw---- 1 mysql dba 2.0G 12월 24 00:03 test_table#P#p_20121224.ibd
-rw-rw---- 1 mysql dba 1.7G 12월 25 00:02 test_table#P#p_20121225.ibd
-rw-rw---- 1 mysql dba 1.9G 12월 26 00:02 test_table#P#p_20121226.ibd
```

max_heap_table_size와 tmp_table_size는 다음과 같다.

```
MariaDB> show variables like 'max_heap_table_size';
+---------------------+--------+
| Variable_name       | Value  |
+---------------------+--------+
| max_heap_table_size | 524288 |
+---------------------+--------+

MariaDB> show variables like 'tmp_table_size';
+----------------+--------+
| Variable_name  | Value  |
+----------------+--------+
| tmp_table_size | 524288 |
+----------------+--------+
```

■ 문제점

먼저, 2일 동안 누적된 데이터에서 중복되는 내용을 제거하고 카운트를 수행해보면 결과가 정상적으로 잘 도출되는 것을 확인할 수 있다.

```
MariaDB> select count(*) cnt1, count(distinct user_id) cnt2
    -> from test_table
    -> where login_time between '2013-12-23' and '2013-12-25';
+----------+---------+
|   cnt1   |  cnt2   |
+----------+---------+
| 38674258 | 6355827 |
+----------+---------+
1 row in set (2 min 21.98 sec)
```

쿼리 범위를 하루 늘려서 3일치의 데이터를 조회하는 쿼리를 실행해보면 다음과 같이 데이터가 0건으로 출력된다. 또한 더 큰 범위를 Count해보아도 수행 시간은 오히려 더 짧다. 일반 Count가 아닌 Distinct Count에서만 0건인 것으로 보아 데이터 카운트 자체에는 문제가 없어 보인다.

```
MariaDB> select count(*) cnt1, count(distinct user_id) cnt2
    -> from test_table
    -> where login_time between '2013-12-23' and '2013-12-26';
+----------+------+
|   cnt1   | cnt2 |
+----------+------+
| 59772215 |    0 |
+----------+------+
1 row in set (1 min 30.17 sec)
```

■ 문제 해결 방법

다음과 같이 max_heap_table_size와 tmp_table_size의 크기를 1M로 설정한
후 동일한 쿼리를 실행해보자.

```
MariaDB> set max_heap_table_size = 1048576;
Query OK, 0 rows affected (0.00 sec)

MariaDB> show variables like 'max_heap_table_size';
+---------------------+---------+
| Variable_name       | Value   |
+---------------------+---------+
| max_heap_table_size | 1048576 |
+---------------------+---------+

MariaDB> set tmp_table_size = 1048576;
Query OK, 0 rows affected (0.00 sec)

MariaDB> show variables like 'tmp_table_size';
+----------------+---------+
| Variable_name  | Value   |
+----------------+---------+
| tmp_table_size | 1048576 |
+----------------+---------+
```

앞에서 제대로 된 결과를 보여주지 않던 쿼리가 정상적으로 처리되고 있음을 확인
할 수 있다.

```
MariaDB> select count(*) cnt1, count(distinct user_id) cnt2
    -> from test_table
    -> where login_time between '2013-12-23' and '2013-12-26';
```

```
+----------+---------+
|   cnt1   |   cnt2  |
+----------+---------+
| 59772215 | 7181068 |
+----------+---------+
1 row in set (3 min 7.93 sec)
```

필자는 위와 같은 현상을 SkySQL[07]에 문의했다. 그 결과 MariaDB 5.5.24 이후 버전부터는 관련 문제가 해결되어서 배포되고 있다.

### 2.3.1 인덱스 사용 시 잘못된 결과 출력 버그

그런가 하면 인덱스를 사용할 때 잘못된 결과를 보여주는 버그도 있었다. 이 버그는 MariaDB 5.5.24 버전에서 발생했는데, MySQL에서 테스트해봤을 때에는 관련 문제가 발생하지 않았다. 간단하게 테스트 데이터를 생성하여 테스트를 수행해보자.

■ Schema

```
CREATE TABLE `test` (
  `timeid` datetime NOT NULL,
  `key` varchar(64) NOT NULL,
  `seq` int(11) NOT NULL DEFAULT '0',
  `id` int(11) NOT NULL,
  `obj_id` int(11) NOT NULL,
  `code` varchar(64) NOT NULL,
  `key2` bigint(22) NOT NULL,
  `cont` text NOT NULL,
  PRIMARY KEY (`timeid`,`key`,`seq`),
  KEY `idx01` (`id`,`timeid`),
```

---

07  http://www.skysql.com/

```
  KEY `idx02` (`id`,`key`,`seq`,`timeid`,`code`)
)
PARTITION BY RANGE  COLUMNS(timeid)
(PARTITION PF_20130620 VALUES LESS THAN ('2013-06-21 00:00:00'),
 PARTITION PF_20130621 VALUES LESS THAN ('2013-06-22 00:00:00'),
 PARTITION PF_20130622 VALUES LESS THAN ('2013-06-23 00:00:00'),
 PARTITION PF_20130623 VALUES LESS THAN ('2013-06-24 00:00:00'),
 PARTITION PF_20130624 VALUES LESS THAN ('2013-06-25 00:00:00'),
 PARTITION PF_20130625 VALUES LESS THAN ('2013-06-26 00:00:00'),
 PARTITION PF_20130626 VALUES LESS THAN ('2013-06-27 00:00:00'),
 PARTITION PF_20130627 VALUES LESS THAN ('2013-06-28 00:00:00'),
 PARTITION PF_20130628 VALUES LESS THAN ('2013-06-29 00:00:00'),
 PARTITION PF_20130629 VALUES LESS THAN ('2013-06-30 00:00:00'),
 PARTITION PF_20130630 VALUES LESS THAN ('2013-07-01 00:00:00'),
 PARTITION PF_20130701 VALUES LESS THAN ('2013-07-02 00:00:00'));
```

■ Data Generation

다음과 같이 "INSERT INTO SELECT"를 활용하여 테스트 데이터를 생성한다.

```
## 1회 수행
INSERT IGNORE INTO test
SELECT
    date_sub('2013-07-01 09:00:00', interval rand()*402000 second),
    md5(rand()),
    rand() * 30,
    rand() * 10000000,
    rand() * 1000,
    md5(rand()),
    rand() * 1000,
    concat(md5(rand()),md5(rand()),md5(rand()),md5(rand()),md5(rand())));
```

```
## 18회 수행
INSERT IGNORE INTO test
SELECT
    date_sub('2013-07-01 09:00:00', interval rand()*402000 second),
    md5(rand()),
    rand() * 30,
    rand() * 10000000,
    rand() * 1000,
    md5(rand()),
    rand() * 1000,
    concat(md5(rand()),md5(rand()),md5(rand()),md5(rand()),md5(rand()))
FROM test;

## 20만 건 ID 초기화
UPDATE test SET id = 123 ORDER BY rand() LIMIT 200000;
```

■ 문제점

Primary Key를 통해 접근할 때에는 큰 문제없이 정상적인 결과가 추출된다. 하단
쿼리를 살펴보면 FROM test에서 PRIMARY KEY를 강제하도록 힌트가 사용되었다.

```
SELECT depth, COUNT(key2) as uv, AVG(time_gap) as time_gap
FROM (
 SELECT key2, 1*SUBSTRING_INDEX(MAX(val), ':', 1) as depth,
     1*SUBSTRING_INDEX(MAX(val), ':', -1) as time_gap
 FROM (
    SELECT
      MAX(key2) AS key2,
      CONCAT(LPAD(IF(COUNT(*) > 10, 10 + 1, COUNT(*)),20,0), ':',
        LPAD(MAX(timeid) - MIN(timeid),20,0)) val
    FROM test USE INDEX (PRIMARY)
    WHERE timeid BETWEEN '2013-06-27 00:00:00' and '2013-06-28 23:59:59'
```

```
        AND id = 123
    GROUP BY `key`
    ORDER BY NULL
 ) b
 GROUP BY key2
 ORDER BY NULL
 ) c
 GROUP BY depth;
```

```
+-------+-----+-------------------+
| depth | uv  | time_gap          |
+-------+-----+-------------------+
|     1 | 216 |                 0 |
|     2 | 731 | 823077.1901504787 |
|     3 |  54 | 853794.8703703703 |
+-------+-----+-------------------+
3 rows in set (2.89 sec)
```

## 실행 계획

```
+-----+-----------+-------+---------+-------+----------------------------------+
| id  | table     | type  | key     | rows  | Extra                            |
+-----+-----------+-------+---------+-------+----------------------------------+
|   1 | <derived2>| ALL   | NULL    | 54532 | Using temporary; Using filesort  |
|   2 | <derived3>| ALL   | NULL    | 54532 | Using temporary                  |
|   3 | test      | range | PRIMARY | 54532 | Using where; Using temporary     |
+-----+-----------+-------+---------+-------+----------------------------------+
```

이번에는 idx01을 강제로 활용하도록 힌트를 주어서 위와 동일한 쿼리를 실행해
보자. 앞선 쿼리에서 다른 인덱스를 사용하도록 힌트에 인덱스명을 달리 주었다.
이 결과 또한 큰 문제는 없다.

```
SELECT depth, COUNT(key2) as uv, AVG(time_gap) as time_gap
FROM (
 SELECT key2, 1*SUBSTRING_INDEX(MAX(val), ':', 1) as depth,
1*SUBSTRING_INDEX(MAX(val), ':', -1) as time_gap
 FROM (
    SELECT
      MAX(key2) AS key2,
      CONCAT(LPAD(IF(COUNT(*) > 10, 10 + 1, COUNT(*)),20,0), ':',
        LPAD(MAX(timeid) - MIN(timeid),20,0)) val
    FROM test USE INDEX (idx01)
    WHERE timeid BETWEEN '2013-06-27 00:00:00' and '2013-06-28 23:59:59'
      AND id = 123
    GROUP BY `key`
    ORDER BY NULL
 ) b
 GROUP BY key2
 ORDER BY NULL
) c
GROUP BY depth;
+-------+-----+-------------------+
| depth | uv  | time_gap          |
+-------+-----+-------------------+
|     1 | 216 |                 0 |
|     2 | 731 | 823077.1901504787 |
|     3 |  54 | 853794.8703703703 |
+-------+-----+-------------------+
3 rows in set (2.89 sec)
```

## 실행 계획

```
+------+------------+------+-------+-------+-----------------------------+
| id   | table      | type | key   | rows  | Extra                       |
+------+------------+------+-------+-------+-----------------------------+
```

```
| 1 | <derived2> | ALL | NULL | 54532 | Using temporary; Using filesort |
| 2 | <derived3> | ALL | NULL | 54532 | Using temporary                  |
| 3 | test       | ref | idx01 | 54532 | Using where; Using temporary    |
+------+------------+------+-------+-------+--------------------------------+
```

이제 마지막으로 idx02를 활용하여 데이터를 추출해보자. time_gap 결과가 0으로 리턴되는 것을 확인할 수 있다. idx02는 정상적으로 사용되지만, Tempoary Table은 정상적으로 사용되지 않았다.

```
SELECT depth, COUNT(key2) as uv, AVG(time_gap) as time_gap
FROM (
 SELECT key2, 1*SUBSTRING_INDEX(MAX(val), ':', 1) as depth,
1*SUBSTRING_INDEX(MAX(val), ':', -1) as time_gap
 FROM (
    SELECT
      MAX(key2) AS key2,
      CONCAT(LPAD(IF(COUNT(*) > 10, 10 + 1, COUNT(*)),20,0), ':',
        LPAD(MAX(timeid) - MIN(timeid),20,0)) val
    FROM test USE INDEX (idx02)
    WHERE timeid BETWEEN '2013-06-27 00:00:00' and '2013-06-28 23:59:59'
      AND id = 123
    GROUP BY `key`
    ORDER BY NULL
 ) b
 GROUP BY key2
 ORDER BY NULL
) c
GROUP BY depth;
+-------+-----+----------+
| depth | uv  | time_gap |
+-------+-----+----------+
```

```
|    1 |  216 |            0 | <- time_gap is Zero
|    2 |  731 |            0 | <- time_gap is Zero
|    3 |   54 |            0 | <- time_gap is Zero
+------+------+-----------+

+------+-----------+------+-------+-------+------------------------------+
| id   | table     | type | key   | rows  | Extra                        |
+------+-----------+------+-------+-------+------------------------------+
|    1 | <derived2> | ALL | NULL  | 54532 | Using temporary; Using filesort |
|    2 | <derived3> | ALL | NULL  | 54532 | Using temporary              |
|    3 | test      | ref  | idx02 | 54532 | Using where                  |
+------+-----------+------+-------+-------+------------------------------+
```

## 2.3.2 정리

최근 버전에서는 위 버그들을 모두 수정해 배포하기 때문에 관련 문제는 더 이상 발생하지 않는다(최신 버전의 MariaDB를 사용하지 않는 사람만 주의하면 될 것이다). 필자는 Aria Storage Engine이 Internal Temporary Engine으로 활용되면서 나타났던 문제라고 추측한다.

MariaDB는 새로운 기능이 계속 추가되며 지금도 진화하고 있다. 그만큼 기존에 없던 버그들이 종종 나타날 것이다. 특히 MySQL에서 멀쩡하게 돌아가던 쿼리가 MariaDB에서는 오히려 이상한 결과를 뿌려줄 수도 있다. 따라서 MariaDB를 사용할 때는 이러한 점을 염두에 두어야 한다. MySQL에서 데이터를 이관할 때에는 버그 없이 결과가 정상적으로 제대로 나오는지를 꼼꼼히 테스트하고, 그 이후에 MariaDB를 활용하기 바란다.

# 3 | MariaDB의 스토리지 엔진

MariaDB 역시 MySQL과 마찬가지로 다양한 스토리지 엔진을 플러그인 형식으로
제공한다. 즉, 확장성이 뛰어날 뿐만 아니라 기존에 MySQL에는 없던 좋은 기능들
이 개선되거나 새롭게 포함된 것이다. 3장에서는 MariaDB를 사용할 경우 주의 깊게
살펴봐야 할 스토리지 엔진에 대해 알아보자.

## 3.1 XtraDB 스토리지 엔진

MySQL에서 주로 사용되는 스토리지 엔진은 InnoDB이다. MariaDB에는 이와
비슷한 기능을 하는 XtraDB가 기본적으로 포함되어 있는데, 이는 Percona[01]에서
InnoDB 기능을 조금 더 확장해 배포한 것이다. 즉, XtraDB는 InnoDB의 특성을
그대로 가지고 있는 동시에, 확장된 성능(이를테면 XtraDB Buffer Pool Warm-
Up)으로 무장한 강력한 InnoDB라고 보면 된다. 이제부터 XtraDB의 특성에 관해
알아보자.

### 3.1.1 트랜잭션과 행 단위 잠금

XtraDB는 InnoDB처럼 트랜잭션을 제공하며, 데이터를 변경할 때 전체 테이블을
잠금 처리하지 않고 원하는 행 데이터만 잠금하여 처리(행 단위 잠금)한다. 기본적
으로 탑재된 다른 스토리지 엔진(예를 들면, MyISAM, AriaDB와 같은)은 테이블
단위 잠금으로 데이터를 처리하기 때문에, 동일한 테이블에서 데이터를 처리할 경
우 성능이 상당히 떨어진다.

그렇다면 행 단위 잠금Row Level Lock과 테이블 단위 잠금Table Level Lock의 차이는 무
엇일까? 간단히 말해, '데이터를 변경할 때 어느 수준까지 락Lock을 걸어 다른 사용

---

01 http://www.percona.com/

자가 데이터를 변경하지 못하게 유지할 것인가'라고 생각하면 된다.

테이블 단위 잠금의 경우, 특정 사용자가 데이터 '입력/수정/삭제' 작업을 수행하면 해당 테이블 전체에 락이 걸리므로 다른 사용자는 대기해야 한다(즉, 다른 사람의 작업은 처리할 수 없다). 따라서 동시에 테이블 변경 작업을 하면 성능이 상당히 저하된다.

이에 반해 행 단위 잠금은 변경하고자 하는 행Row에만 락을 걸기 때문에 해당 행을 제외한 다른 사용자의 데이터 변경 작업에는 영향을 미치지 않는다. 즉, 테이블 단위 잠금과는 달리 테이블을 동시에 변경할 수 있다.

트랜잭션으로 데이터를 처리할 때에도 '다중 버전 동시성 제어 메커니즘Multiversion concurrency control, MVCC'(read와 write가 서로 영향을 미치지 않는 동작 방식)으로 동작한다. 즉, 특정 행과 연관성이 없는 데이터를 자유롭게 read/write할 수 있기 때문에, 동일한 테이블에 동시에 접근하여 데이터를 변경해도 DB 내부적으로는 병목이 발생하지 않는다. XtraDB는 트랜잭션을 지원하는 만큼 ACID도 지원한다.

## 여기서 잠깐_ ACID란?

ACID(원자성<sup>Atomicity</sup>, 일관성<sup>Consistency</sup>, 고립성<sup>Isolation</sup>, 지속성<sup>Durability</sup>)는 데이터베이스 트랜잭션이 안전하게 수행되는 것을 보장하기 위한 성질을 가리키는 약어다. 그 내용은 다음과 같다.

① 원자성

트랜잭션<sup>transaction</sup>과 관련된 작업이 모두 수행되었는지, 아니면 모두 실행되지 않았는지를 보장한다(All or Nothing).

② 일관성

트랜잭션이 실행을 성공적으로 완료하면 언제나 일관성 있는 데이터베이스 상태로 유지되는 것을 의미한다.

③ 고립성

트랜잭션을 수행할 때 다른 트랜잭션의 연산 작업이 끼어들지 못하도록 보장하는 것으로, 트랜잭션 외부의 어떠한 연산도 중간 단계의 데이터를 볼 수 없음을 의미한다. 이 특성은 성능 관련 이슈로 인해 일반적으로 4가지 레벨로 선택(read-uncommitted, read-committed, repeatable-read, serializable)한다.

④ 지속성

성공적으로 수행된 트랜잭션은 어떤 경우라도 반영되어야 함을 의미한다. 시스템에 문제가 발생하거나 DB 일관성 체크 등을 하더라도 성공적으로 수행된 트랜잭션은 유지되어야 한다. 일반적으로 트랜잭션의 모든 내용은 로그로 남으므로 시스템 장애 발생 전의 상태로 되돌릴 수 있다. 트랜잭션은 로그에 동작에 대한 모든 것이 저장된 후에만 commit 상태로 간주할 수 있다.

## 3.1.2 버퍼 풀

MariaDB에는 데이터와 인덱스를 메모리에 캐싱하는 별도의 공간인 '버퍼 풀'이 있다. 이 버퍼 풀의 크기는 innodb_buffer_pool_size로 조정할 수 있는데, 보통은 시스템 메모리의 50%에서 80%까지 할당하면 된다. 단, 버퍼 풀에 메모리를 지나치게 할당할 경우에는 다른 데이터를 처리하기 위해 사용할 메모리가 부족해져서 결과적으로 '스왑swap'02이 발생할 수 있다. 스왑이 발생하기 시작하면 Disk I/O 가 뒤따라 발생할 수밖에 없으므로 DB 성능이 크게 떨어지게 된다. 메모리가 부족한 경우 OS는 메모리를 최대한 확보하기 위해 덜 사용하는 메모리 데이터를 디스크의 스왑 영역에 내리는데, 스왑에 포함된 데이터가 DB에서 사용되는 데이터라면 성능은 크게 저하될 수밖에 없다.

그림 3-1 MariaDB의 버퍼 풀(Buffer Pool)에 포함되는 정보

INNODB_BUFFER_POOL

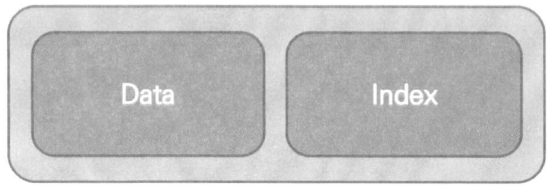

MyISAM03은 데이터에 접근하는 '키(인덱스)'만 별도의 버퍼 공간에서 관리하는 데 반해, XtraDB는 인덱스뿐만 아니라 데이터까지 버퍼풀 안에 적재한다. 자주 사용되는 인덱스와 데이터 모두 메모리상에 있기 때문에 XtraDB은 동시성에 강할 뿐만 아니라 데이터 처리 성능 또한 강력하다.

### 3.1.3 Primary Key는 클러스터 인덱스로 구성

XtraDB에서 데이터는 Primary Key 순으로 저장 및 관리된다. 모든 데이터가 Primary Key 순서로 저장되기 때문에 Primary Key를 잘못 선정하면 성능이 크게 떨어질 수 있다.

그림 3-2와 같이 데이터가 구성되어 있다고 가정해보자. 앞에서 말한 대로 데이터가 Primary Key 순으로 순차적으로 저장되어 있다면 아마 다음과 같이 저장되어 있을

---

02  시스템에서 메모리가 부족한 경우 오래된 메모리 데이터를 디스크로 내려 메모리를 확보하는 현상이다.

03  MyISAM은 MySQL 관계형 데이터베이스 관리시스템 5.5 버전 이전의 기본 스토리지 엔진이다. 이에 대해 자세히 알고 싶다면 "http://ko.wikipedia.org/wiki/MyISAM"를 참고하기 바란다.

것이다(Primary Key는 노란색).

**그림 3-2** XtraDB에서 Primary Key

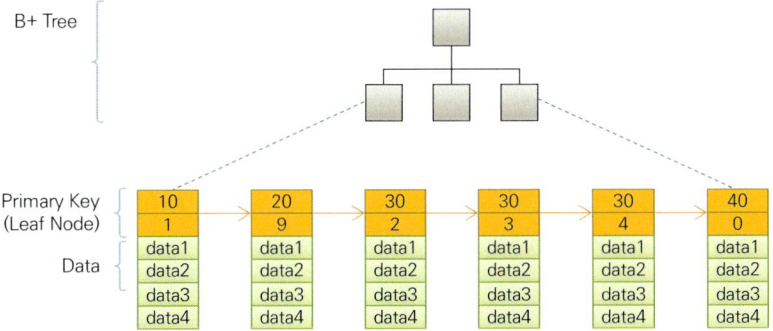

이 상태에서 Primary Key가 (21, 30)인 데이터가 유입되었다고 가정하면, 데이터를 Primary Key 순으로 맞추기 위해 (30, 2) 데이터부터는 옆으로 한 칸씩 옮길 수밖에 없다.

**그림 3-3** XtraDB에서 데이터 중간에 삽입

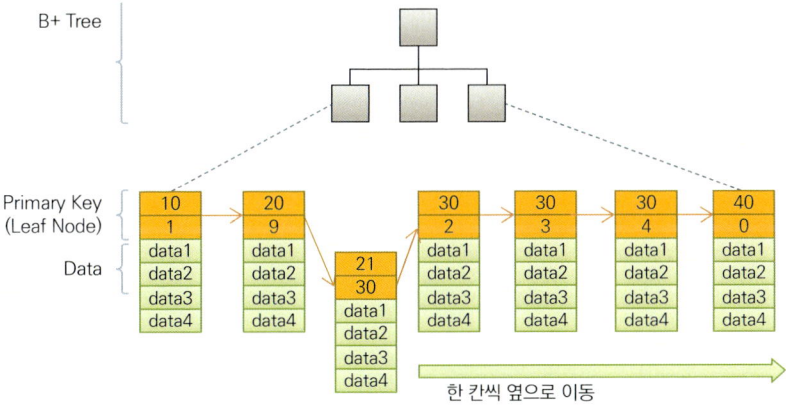

물론 메모리 연산만으로 대부분 처리된다면 성능이 급격하게 떨어지지는 않겠지

만, 대형 테이블에서 매번 이처럼 데이터가 유입되어 디스크 연산까지 이어진다면 데이터 처리 효율은 크게 떨어질 것이다. 특히, Primary Key가 아닌 일반 데이터의 크기가 커질수록 성능 이슈는 더더욱 발생할 것이다.

그렇다면 XtraDB에서 Primary Key를 선언하지 않으면 어떻게 될까?

테이블에 Unique Key가 있다면 Unique Key가 Primary Key의 역할, 즉 클러스터 인덱스 역할을 수행한다. Primary Key와 Unique Key가 테이블 내에 정의되지 있지 않으면, 내부적으로 6바이트 크기의 키를 만들어서 Primary Key로 사용한다. 물론 이는 사용자가 볼 수 있는 키값은 아니다.

단, MySQL Replication을 사용할 때 테이블에 Update 또는 Delete 연산이 포함되는 경우에는 반드시 Primary Key를 정의할 것을 권고한다. 그러지 않을 경우 Replication에서 마스터/서버 간 동기화 지연이 발생할 수 있으며, 바이너리 로그 타입에 따라 풀 스캔 현상이 발생하는 경우도 있기 때문이다.

### 3.1.4 보조 인덱스는 Primary Key를 Value(값)로 가짐

앞서 말한 데이터 상태에서 세 번째 칼럼에 인덱스를 추가하는 경우를 생각해보자. 그림 3-4에서 하늘색 칼럼이 추가된 인덱스다. 이 상태에서 인덱스는 하늘색 칼럼을 Key로, Primary Key를 Value로 구성된다. 인덱스를 통한 탐색 방법은 먼저 Key를 통해서 Primary Key를 찾아내고, 다시 Primary Key를 통해서 데이터에 접근하면 된다.

**그림 3-4** XtraDB에서 보조 인덱스

**데이터 구조**

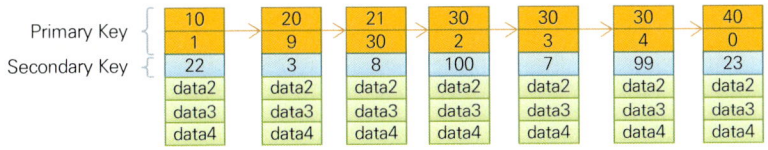

**인덱스 구조**

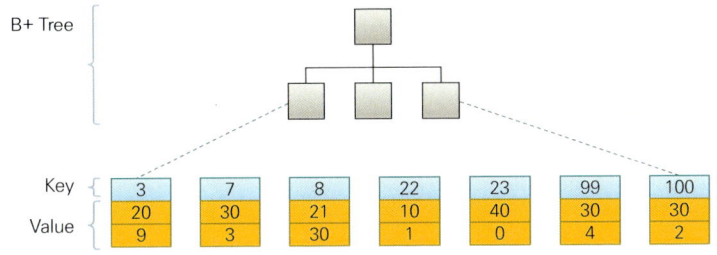

위 내용을 일반적인 책에 빗대어 조금 더 쉽게 풀어보겠다.

일반적으로 책에는 페이지마다 페이지 번호가 있고, 책 가장 마지막 부분은 색인으로 구성되어 있다. 색인은 해당 책의 각 주제에 맞는 키워드를 알파벳이나 한글 순차로 정리한 것이며, 관련 내용이 몇 페이지에 있는지 적혀 있다. 여기서 책의 색인은 인덱스를 의미하고 페이지의 번호는 Primary Key를 의미한다. 즉, 색인을 통해 특정 내용에 접근하려면 먼저 색인을 찾아 페이지 번호를 알아내고 해당 페이지로 책장을 넘겨서 최종적으로 원하는 데이터를 찾아야 한다.

페이지 번호를 숫자가 아니라, 처음부터 주제에 맞게 지정하면 되지 않느냐고 되물을 수도 있을 것이다. 위인을 예를 들면 "역사 – 세종대왕 – 생애", "역사 – 세종대왕 – 업적", "역사 – 세종대왕 – 활동", "역사 – 이순신 – 생애", "역사 – 이순신 – 활동" 등과 같이 말이다. 물론 이렇게 페이지 번호를 지정하면 페이지 주제를 순차적으로 살펴보며 원하는 데이터에 직접 접근할 수 있다. 그러나 페이지 주제가 모든 내용을 포괄할 수 없듯이 결국에는 키워드별 추가 색인이 필요할 것이다. 그러면 그림 3-5와 같이 색인 자체의 크기가 상당히 커질 수밖에 없다. 물론, 색인을 추가하지 않고도 페이지 주제어로 충분히 원하는 데이터에 접근할 수 있다면 사용하는 데 큰 무리가 없다.

**그림 3-5** 페이지 번호 정의에 따른 색인 구성 변화

XtraDB도 마찬가지다. 각 인덱스는 Primary Key를 값으로 가지고 있기 때문에 Primary Key가 늘어나는 것은 곧 인덱스 크기가 늘어난다는 것을 의미한다. 게다가 특정 테이블이 다수의 인덱스를 포함하는 경우라면 테이블 크기가 더욱더 늘어날 것이다.

Primary Key 선정이 제한된 메모리 환경에서 효율성을 좌우하는 이유가 바로 이 때문이다.

## 3.2 Aria 스토리지 엔진

'Aria 스토리지 엔진'은 MySQL과 MariaDB의 새로운 스토리지 엔진이다.

MySQL에서 Aria 스토리지 엔진은 MyISAM 스토리지 엔진 대체용으로 만들어졌다. 2007년부터 개발하기 시작해 마이클 몬티 위데니어스<sup>Michael Monty Widenius</sup>가 블로그에서 처음 발표했다. 몬티가 세상에 발표한 당시에는 그의 딸 이름을 따서 'Maria Storage Engine'으로 명명했다가 2010년 중반에 'Aria'로 변경됐다. 아직은 데이터베이스 트랜잭션을 지원하지 않지만, 향후 데이터베이스 트랜잭션에 대한 공식적인 대응이 예정되어 있으며, MySQL의 표준 스토리지 엔진으로 정착하는 것이 이 스토리지 엔진의 장기적인 목표다.

Aria 스토리지 엔진이 MariaDB에 정식으로 탑재되기 시작한 것은 MariaDB 5.1 버전부터다. MariaDB에서 Aria 스토리지 엔진의 목표도 역시 MyISAM을 완벽하게 대체하는 것이고, 현 버전의 MariaDB에서 내부적으로 일부 사용되고 있다.

그럼, 기존의 MyISAM과 비교되는 Aria 스토리지 엔진의 특징은 무엇일까? 지금부터 Aria 스토리지 엔진의 특징에 대해 알아보자.

### 3.2.1 Aria 스토리지 엔진의 특징

필자는 MyISAM과 비교되는 Aria 스토리지 엔진의 가장 큰 특징은 Crash-Safe와 데이터 캐싱에 대한 내용이라고 생각한다. 이 섹션에서는 Aria 스토리지 엔진의 특징 두 가지에 대해 살펴보자.

■ Crash-Safe[04]

TRANSACTIONAL 옵션이 있는데, 이것은 트랜잭션을 제공한다는 의미라기보다 갑작스러운 정전이나 서버 다운에도 이미 저장된 데이터에는 영향이 없다는 것을

---

04  Crash-Safe는 쉽게 말해, 예기치 않은 서버 장애가 발생해도 기존에 반영된 데이터는 안정적으로 유지할 수 있음을 의미한다.

의미한다.

```
MariaDB [test]> create table aria_test(
    -> i int not null primary key auto_increment,
    -> j int not null,
    -> k text,
    -> l datetime
    -> key idx01_j(j)
    -> ) engine = aria;
Query OK, 0 rows affected (0.07 sec)
```

Aria 스토리지 엔진으로 위와 같이 테이블을 생성하면, 테이블은 다음 세 개의 파일로 구성된다.

```
-rw-rw----. 1 mysql mysql    8192 2014-01-17 11:15 aria_test.MAD
-rw-rw----. 1 mysql mysql    8192 2014-01-17 11:15 aria_test.MAI
-rw-rw----. 1 mysql mysql    8626 2014-01-17 11:15 aria_test.frm
```

구조상으로는 MyISAM과 큰 차이가 없어 보인다. 그러나 MariaDB의 데이터 홈 디렉터리를 보면, MyISAM과는 달리 aria_log_control과 aria_log.00000001 파일이 있는 것을 확인할 수 있다.

```
-rw-rw----. 1 mysql mysql      16384 2014-01-17 11:15 aria_log.00000001
-rw-rw----. 1 mysql mysql         52 2013-11-27 15:34 aria_log_control
-rw-r-----. 1 mysql mysql      39559 2013-11-27 15:35 testdb.err
-rw-rw----. 1 mysql mysql          4 2013-11-27 15:35 testdb.pid
-rw-rw----. 1 mysql mysql 1073741824 2013-12-16 19:17 ibdata1
drwx------. 2 mysql mysql      12288 2013-12-22 13:17 mysql
```

```
drwx------.  2 mysql mysql      4096 2013-12-22 13:17 performance_schema
drwx------.  2 mysql mysql      4096 2013-12-16 19:17 test
```

이 점이 MyISAM과 비교되는 가장 큰 차이점으로 Crash-Safe가 가능한 가장 큰 이유이기도 하다.

트랜잭션에서 Write 요청이 들어오면, Aria 스토리지 엔진은 곧바로 데이터 파일 (*.MAD, *.MAI)에 기록하지 않는다. 먼저 'aria log' 영역에 관련된 사항을 기록한 후에 주기적으로 Check Point(로그에 기록된 데이터를 데이터 파일에 기록)를 수행하는 것이다.

**그림 3-6** Write 요청 처리

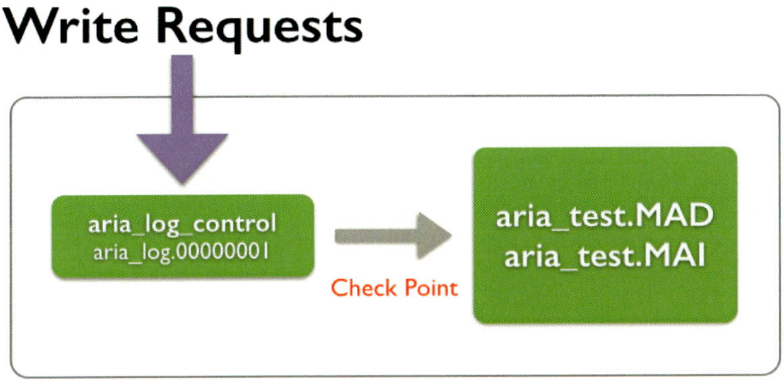

# Write Requests

이런 구조로 동작하기 때문에 성공적으로 로그에 기록된 데이터들이 갑작스러운 서버 장애에도 유실되지 않을 수 있다. Check Point 주기는 기본적으로 30초로 설정되어 있는데 이 값은 aria_checkpoint_interval 옵션을 변경하여 조정할 수 있다.

```
MariaDB [test]> show variables like 'aria_checkpoint_interval';
+-------------------------+-------+
| Variable_name           | Value |
+-------------------------+-------+
| aria_checkpoint_interval | 30    |
+-------------------------+-------+
1 row in set (0.00 sec)

MariaDB [test]> set global aria_checkpoint_interval = 10;
Query OK, 0 rows affected (0.01 sec)

MariaDB [test]> show variables like 'aria_checkpoint_interval';
+-------------------------+-------+
| Variable_name           | Value |
+-------------------------+-------+
| aria_checkpoint_interval | 10    |
+-------------------------+-------+
1 row in set (0.00 sec)
```

■ Caching : Data & Index

Aria 스토리지 엔진은 MyISAM과 달리 인덱스와 데이터 모두 메모리에 캐싱한다. MyISAM 스토리지 엔진의 경우 key_buffer_size 영역을 할당받아 자주 사용되는 인덱스 데이터만 메모리에 캐싱하고 데이터는 직접 디스크와 통신하여 동작한다. 따라서 아무리 key_buffer_size를 늘려도 인덱스 크기가 key_buffer_size 이상이 되지 않는 한, 성능에 큰 영향을 미치지 않는다.

이에 비해 Aria 스토리지 엔진은 인덱스뿐만 아니라 데이터 또한 메모리에 캐싱한다. 캐시 크기를 제어하는 파라미터는 aria_pagecache_buffer_size로, 이 크기를 높이면 Aria 스토리지 엔진의 성능이 향상된다.[05] 그림 3-7은 이 둘의 차이를 그

---

05  일반적으로 OS에도 페이지를 메모리에 캐싱하는 'Page Cache' 개념이 있어서 성능이 크게 저하되지는 않지만,

림으로 나타낸 것이다.

**그림 3-7** MyISAM vs Aria

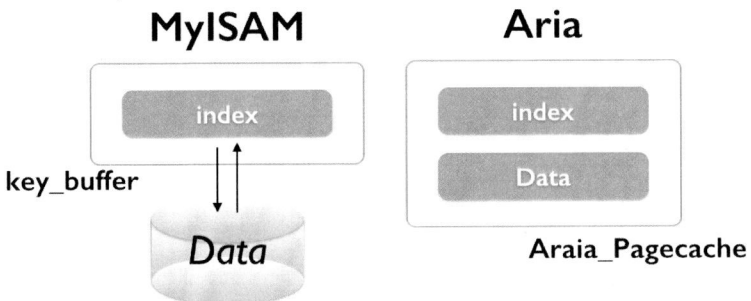

### 3.2.2 정리

Aria 스토리지 엔진는 MariaDB에서 MyISAM 대체용으로 개발되었으며 일부 영역에서는 이미 사용 중이다.

테이블 구조 자체가 Crash-Safe 형태로 동작하며 DB가 비정상적으로 종료된 이후에도 마치 InnoDB처럼 로그로부터 데이터를 데이터 파일에 기록하면서 복구하므로 유실되는 데이터가 없다. 또한 메모리에 인덱스뿐만 아니라 데이터를 저장하기 때문에 MyISAM 스토리지 엔진 대비 성능이 좋다.

물론 지금은 MariaDB 내부적으로 MyISAM의 모든 역할을 대체하고 있지는 않지만 차기 버전에서 Aria 스토리지 엔진의 중요도는 더욱 커질 것으로 예상한다.

## 3.3 FederatedX 스토리지 엔진

오라클에서는 'DB Link^Database Link'를 사용하여 데이터베이스 서버에 있는 테이블을 원격으로 참조할 수 있다. DB Link는 이처럼 물리적으로 위치가 다른 데이터베이스 서버를 연동하여 각 데이터베이스 서버에 있는 데이터를 마치 로컬에 있는 것

---

캐싱에 대한 제어를 OS에서 수행하기 때문에 성능을 튜닝할 때 어려운 점이 많다.

처럼 처리할 수 있는 기술을 말한다.

MySQL에도 이와 유사한 개념이 있는데 그것이 바로 'FederatedX 스토리지 엔진'이다. 이 섹션에서는 FederatedX 스토리지 엔진에 관해 알아보고 활용 시 유의 사항에 대해서도 살펴보기로 하자.

### 3.3.1 Federated? FederatedX!

앞서도 언급했듯이 FederatedX 스토리지 엔진은 로컬 데이터베이스와 떨어져 있는 '원격 테이블'에 접근할 때 유용하게 사용할 수 있는 엔진이다. MariaDB에서도 'FederatedX'라는 이름으로 이 기능을 제공하는데 기본적인 콘셉트는 동일하다. 단, MySQL의 Federated 보다는 기능이 조금 더 확장된 엔진이며, MySQL에서와 는 달리 DB가 구동될 때 기본적으로 활성화된다.

> **NOTE_** MySQL에서 FederatedX 스토리지 엔진을 사용하기 위해서는 'my.cnf' 파일에 FederatedX 라는 옵션을 별도로 준 다음 DB를 시작해야 한다.

FederatedX는 libmysql을 통해 데이터를 처리하기 때문에 아직까지는 MySQL 에만 접근할 수 있지만, 추후에는 다른 기종의 데이터베이스와 통신할 수 있을 것이다.[06]

### 3.3.2 FederatedX 스토리지 엔진의 특징

FederatedX의 특징은 다음과 같이 간단히 정리할 수 있다.

- 원격 서버로의 접근: 원격에 있는 테이블의 데이터를 로컬에 있는 것처럼 처리할 수 있다. 이에 따라 개발 시 여러 커넥션을 이용하여 복잡하게 데이터를 처리해 야 하는 경우 심플하게 처리할 수 있다.

---

06  MariaDB에서 현재 사용 중인 FederatedX 스토리지 엔진은 다른 기종의 데이터베이스와 통신할 수 있도록 하는 것을 목표로 개선되고 있다.

- 트랜잭션: 2-Phase Commit 형태[07]로 데이터의 일관성을 유지한다.
- 테이블 파티셔닝: 테이블 파티셔닝을 제공하며, 이에 따라 각 파티션별 다른 서버로의 연결이 가능하다.

### 3.3.3 FederatedX 스토리지 엔진 사용 방법

MariaDB에서는 기본적으로 FederatedX 스토리지 엔진이 활성화되어 있다. 즉, 별도의 옵션 없이 간단하게 테이블을 생성하여 사용할 수 있다. FederatedX 스토리지 엔진으로 테이블을 생성할 때에는 'Server' 설정을 통한 방식과 'URL'을 통한 방식을 이용한다.

① Server 정보를 통한 테이블 생성

연결할 서버에 대한 스키마를 'Create Server' 구문으로 생성한 뒤 생성한 스키마 정보를 통해 원격 테이블에 접근하는 방식이다. 그림 3-8과 같이 로컬 서버에서 원격 서버로 데이터를 참조하는 경우를 예로 들어 보자.

그림 3-8 FederatedX 사용

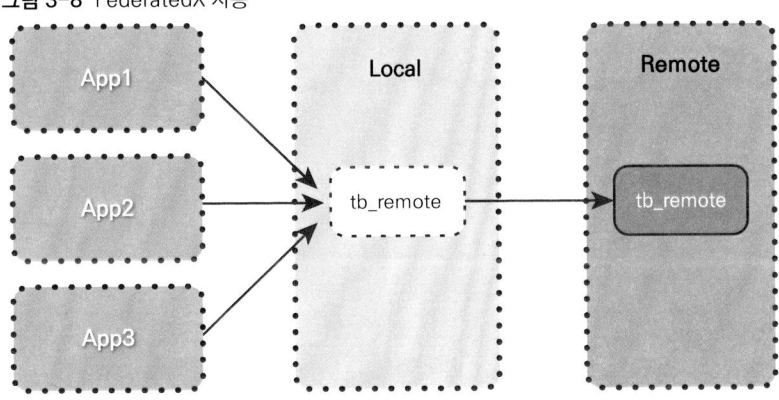

---

07  2-Phase Commit란 분산 데이터베이스 환경에서 데이터의 일관성 및 원자성을 보장하기 위해 노드에 포함된 모든 데이터가 Commit 혹은 Rollback하는 매커니즘이다.

이때 DB 계정은 'appuser', 패스워드는 'passwd123'이고, target_db 하단에 tb_remote라는 테이블을 연결한다고 가정한다(로컬과 원격이 동일한 정보라고 가정한다). 먼저, FederatedX 스토리지 엔진 테이블을 생성할 서버(Local)에서 다음과 같이 참조할 'SERVER'를 생성한다.

```
CREATE SERVER 'remote' FOREIGN DATA WRAPPER 'mysql' OPTIONS
(HOST 'remote',
 DATABASE 'target_db',
 USER 'appuser',
 PASSWORD 'passwd123',
 PORT 3306,
 SOCKET '',
 OWNER 'appuser');
```

SERVER가 정상적으로 생성되면 생성된 서버를 mysql.servers에서 조회할 수 있다.

```
select * from mysql.servers;
+-------------+--------+-----------+----------+----------+------+--------+---------+---------+
| Server_name | Host   | Db        | UserName | Password | port | Socket | Wrapper | Owner   |
+-------------+--------+-----------+----------+----------+------+--------+---------+---------+
| remote      | remote | target_db | appuser  | passwd123| 3306 |        | mysql   | appuser |
+-------------+--------+-----------+----------+----------+------+--------+---------+---------+
```

이로써 접속할 서버에 대한 정보를 구성했다. 이제 FederatedX 스토리지 엔진을 생성하여 원격 테이블에 접근해보자. 이때는 앞서 생성했던 Server_name과 원격에 있는 테이블 스키마 정보가 필요하다.

```
CREATE TABLE `tb_remote` (
 `col01` bigint(20) NOT NULL,
 `col02` bigint(20) NOT NULL,
 `col03` varchar(20) NOT NULL DEFAULT '',
 PRIMARY KEY (`col01`)
) ENGINE=FEDERATED
CONNECTION='remote';
```

위에서 볼드로 표시한 부분을 주의 깊게 살펴보자. 이렇게 하면 생성한 테이블 명과 같은 테이블을 원격 서버에서 맵핑하여, 테이블을 자동으로 연결할 수 있다.

② URL을 통한 테이블 생성

앞의 예제와는 다르게 원격 테이블명이 달라져야 하거나 Server 자체를 생성할 경우도 있을 수 있다. 그림 3-9에서와 같이 Local에서 tb_local 테이블을 사용 하는 경우를 예로 들 수 있다.

그림 3-9 Local에서 tb_local 테이블을 사용하는 경우

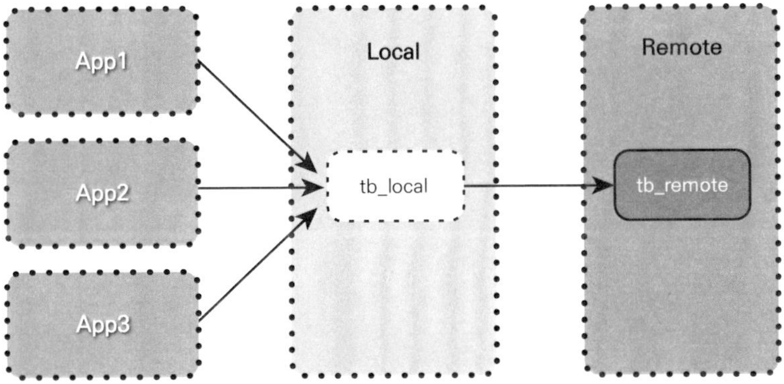

이 경우에는 URL을 통해 직접 원격 서버에 접근하여 FederatedX 스토리지 엔진 테이블을 생성한다. 다음과 같이 Connection 정보에 원격 테이블 접근 정보를

명시적으로 할당하고 테이블을 생성하면 된다. 이때 DB 계정은 'appuser', 패스워드는 'passwd123'이며, target_db 하단에 tb_remote라는 테이블을 연결하는 상황은 앞과 동일하다.

```
CREATE TABLE 'tb_local' (
 'col01' bigint(20) NOT NULL,
 'col02' bigint(20) NOT NULL,
 'col03' varchar(20) NOT NULL DEFAULT '',
 PRIMARY KEY ('col01')
) ENGINE=FEDERATED
connection='mysql://target_db:passwd123@remote:3306/target_db/tb_remote'
```

위 Connection 포맷은 "mysql://사용자:패스워드@호스트:포트/데이터베이스/테이블" 형태다. 여기까지 잘 되었다면 FederatedX 스토리지 엔진 테이블을 사용할 모든 준비가 된 것이다. 이번에는 FederatedX 스토리지 엔진에서 테이블 파티셔닝Table Partitioning 사용 방법을 살펴보자.

③ 테이블 파티셔닝

테이블 파티셔닝이란 테이블 데이터를 단일 파일 혹은 트리로 관리하지 않고 여러 개의 데이터로 분산 저장할 수 있는 것을 의미한다. MariaDB에 탑재된 FederatedX 스토리지 엔진은 기본적으로 테이블 파티셔닝을 제공한다.

**그림 3-10** FederatedX에서 테이블 파티셔닝

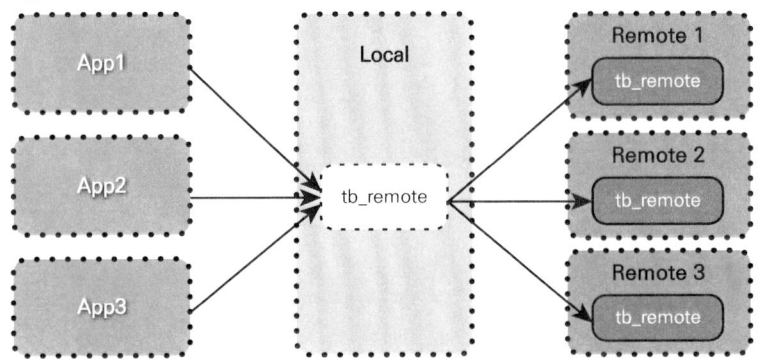

FederatedX 파티셔닝 테이블은 다른 엔진의 파티셔닝 테이블 생성 구문과 유사하다. 단, Connection 정보가 필요하다는 점이 다르다.

```
## 로컬에서 원격 서버 정보 생성
CREATE SERVER 'remote1' FOREIGN DATA WRAPPER 'mysql' OPTIONS
(HOST 'remote1',
 DATABASE 'target_db',
 USER 'appuser',
 PASSWORD 'passwd123',
 PORT 3306,
 SOCKET '',
 OWNER 'appuser');

CREATE SERVER 'remote2' FOREIGN DATA WRAPPER 'mysql' OPTIONS
(HOST 'remote2',
 DATABASE 'target_db',
 USER 'appuser',
 PASSWORD 'passwd123',
 PORT 3306,
```

```
  SOCKET '',
  OWNER 'appuser');

CREATE SERVER 'remote3' FOREIGN DATA WRAPPER 'mysql' OPTIONS
(HOST 'remote3',
 DATABASE 'target_db',
 USER 'appuser',
 PASSWORD 'passwd123',
 PORT 3306,
 SOCKET '',
 OWNER 'appuser');

## 파티셔닝 테이블 생성
CREATE TABLE `tb_remote` (
 `col01` bigint(20) NOT NULL,
 `col02` bigint(20) NOT NULL,
 `col03` varchar(20) NOT NULL DEFAULT '',
 PRIMARY KEY (`col01`)
) ENGINE=FEDERATED
PARTITION BY RANGE (col01)
(PARTITION p1000 VALUES LESS THAN (1001) CONNECTION='remote1',
 PARTITION p2000 VALUES LESS THAN (2001) CONNECTION='remote2',
 PARTITION p3000 VALUES LESS THAN (3001) CONNECTION='remote3')
```

파티셔닝 테이블을 생성한 후 데이터를 조회하면 원격의 데이터가 정상적으로
출력되는 것을 확인할 수 있다. 만약, 어떤 파티셔닝을 타는지 확인하고 싶다면
'explain partitions'으로 파티셔닝 실행 계획을 확인하면 된다.

```
explain partitions
select * from tb_remote
where col01 = 100;
```

```
+----+-------------+----------+------------+-------+---------------+---------+---------+-------+------+-------+
| id | select_type | table    | partitions | type  | possible_keys | key     | key_len | ref   | rows | Extra |
+----+-------------+----------+------------+-------+---------------+---------+---------+-------+------+-------+
|  1 | SIMPLE      | tb_remote| p1000      | const | PRIMARY       | PRIMARY | 8       | const | 1    |       |
+----+-------------+----------+------------+-------+---------------+---------+---------+-------+------+-------+
```

### 3.3.4 FederatedX 스토리지 엔진 테스트

간단한 몇 가지 테스트를 통해 FederatedX 스토리지 엔지의 특성을 알아보자.

① 원격 서버와 Connection의 예기치 않은 종료 테스트

원격 서버에 접속하여 FederatedX의 커넥션을 강제로 'KILL'한 후 상황을 살펴보자.

```
## 세션 강제 종료
KILL CONNECTION 세션아이디;
```

KILL한 이후 FederatedX 테이블을 통해 질의해보면 원격 서버가 정상적으로 재접속 할 수 있는 상황에서는 큰 문제없이 데이터를 조회할 수 있다.

② 데이터 접근에 따른 실행 계획 차이

데이터 조회 시 로컬에 있는 테이블(InnoDB)에서 수행할 경우와 원격에 있는 테이블에서 수행할 경우 실행 계획에는 어떤 차이가 있는지 확인해보자.

```
explain
select * from tb_remote
where col01 = 1;
```

● InnoDB 테이블 실행 계획

```
+------+-------------+-----------+-------+---------------+---------+---------+-------+------+-------+
| id   | select_type | table     | type  | possible_keys | key     | key_len | ref   | rows | Extra |
+------+-------------+-----------+-------+---------------+---------+---------+-------+------+-------+
| 1    | SIMPLE      | tb_remote | const | PRIMARY       | PRIMARY | 8       | const | 5001 |       |
+------+-------------+-----------+-------+---------------+---------+---------+-------+------+-------+
```

● FederatedX 테이블 실행 계획

```
+------+-------------+-----------+-------+---------------+---------+---------+-------+------+-------+
| id   | select_type | table     | type  | possible_keys | key     | key_len | ref   | rows | Extra |
+------+-------------+-----------+-------+---------------+---------+---------+-------+------+-------+
| 1    | SIMPLE      | tb_remote | const | PRIMARY       | PRIMARY | 8       | const | 2    |       |
+------+-------------+-----------+-------+---------------+---------+---------+-------+------+-------+
```

언뜻 봐서는 비슷해 보이나 'rows' 항목의 경우 분명한 차이를 보인다. FederatedX 환경에서는 rows가 2건으로 오히려 InnoDB보다 적다. 이것은 데이터와 통계 정보가 원격 서버에 있고 로컬 서버에는 관련된 스키마 정보만 있기 때문에 나타나는 결과로 어찌 보면 당연하다.

③ 전체 데이터 Limit 질의

Limit 구문은 필요한 결과를 사용자에게 보낼 수 있고 모든 데이터를 추출하지 않아도 되기 때문에 유용하게 사용된다. 타깃 수만큼 데이터를 추출해서 클라이언트에 전달하므로 서버와 클라이언트 모두 부담을 줄일 수 있다. 그래서 일부 클라이언트 프로그램(mysql workbench)에서는 limit 구문이 없는 경우 자동으로 limit를 붙여주기도 한다.

tb_remote 테이블에 약 천만 건을 생성한 이후 다음과 같은 쿼리를 수행하도록 해보자.

```
explain
select * from tb_remote limit 10;
```

## ● InnoDB 테이블 실행 계획

| id | select_type | table | type | possible_keys | key | key_len | ref | rows | Extra |
|----|-------------|-----------|------|---------------|------|---------|------|---------|-------|
| 1 | SIMPLE | tb_remote | ALL | NULL | NULL | NULL | NULL | 9805071 | |

## ● FederatedX 테이블 실행 계획

| id | select_type | table | type | possible_keys | key | key_len | ref | rows | Extra |
|----|-------------|-----------|------|---------------|------|---------|------|---------|-------|
| 1 | SIMPLE | tb_remote | ALL | NULL | NULL | NULL | NULL | 9848149 | |

InnoDB와 FederatedX의 실행 계획은 크게 다르지 않다. 그런데 InnoDB 결과는 즉시 나오지만 FederatedX를 통한 데이터 추출은 상당한 시간을 필요로 한다. 여기에는 FederatedX는 그 자체가 스토리지 엔진이고 MySQL은 DB엔진에서 필요한 데이터를 스토리지 엔진으로 요청한다는 차이점이 있다. 데이터가 로컬에 있는 경우 로컬에 위치한 데이터에 직접 접근하여 즉시 원하는 데이터만큼 추출하지만, 데이터가 FederatedX에 있는 경우에는 데이터에 대한 통계 정보가 없으며 스키마 정보를 제외하고는 데이터 형태에 대해 전혀 알 수 없다.

즉, Limit 구문을 수행하려면 전체 트리 정보를 알아야 하고 결과적으로 전체 데이터를 가져와야만 쿼리를 처리할 수 있다. 이런 질의는 대단히 위험하고 서비스 환경에서는 심각한 장애 요소가 될 수 있다.

④ ORDER BY - Primary Key 순서로 데이터를 SELECT

쿼리에 강제로 특정 인덱스(여기서는 Primary Key) 순서로 데이터를 가져오도록 SELECT 해보자. 인덱스들은 키 순서로 데이터가 저장되어 있기 때문에 별도의 소팅 작업이 발생해서는 안 된다.

```
explain
select * from tb_remote force index for order by (PRIMARY)
order by col01 desc limit 10;
```

● InnoDB 테이블 실행 계획

| id | select_type | table | type | possible_keys | key | key_len | ref | rows | Extra |
|----|-------------|-------|------|---------------|-----|---------|-----|------|-------|
| 1 | SIMPLE | tb_remote | const | PRIMARY | PRIMARY | 8 | const | 10 | |

● FederatedX 테이블 실행 계획

| id | select_type | table | type | possible_keys | key | key_len | ref | rows | Extra |
|----|-------------|-------|------|---------------|-----|---------|-----|------|-------|
| 1 | SIMPLE | tb_remote | ALL | NULL | NULL | NULL | NULL | 9648149 | Using filesort |

FederatedX에서는 Order By 역시 데이터를 전부 가져와 로컬에서 별도로 정렬하는 형태로 동작한다. 결과적으로 이 과정 역시 풀 스캔, 즉 원격 서버에서 전체 데이터를 가져와 정렬하는 것과 동일하다. 마찬가지로 서비스 상황이라면 심각한 장애 요소가 될 수 있다.

⑤ Index를 통한 최댓값 추출 - where 조건 없음

where 조건 없이 최댓값을 가져오는 쿼리를 질의해보자.

```
explain
select max(col01) from tb_remote;
```

● InnoDB 테이블 실행 계획

| id | select_type | table | type | possible_keys | key | key_len | ref | rows | Extra |
|---|---|---|---|---|---|---|---|---|---|
| 1 | SIMPLE | NULL | NULL | NULL | NULL | NULL | NULL | NULL | Select tables optimized away |

● FederatedX 테이블 실행 계획

| id | select_type | table | type | possible_keys | key | key_len | ref | rows | Extra |
|---|---|---|---|---|---|---|---|---|---|
| 1 | SIMPLE | tb_remote | ALL | NULL | NULL | NULL | NULL | 9947172 | |

기존 InnoDB 실행 계획이 특정한 기준 없이 추출되는 것으로 보이지만, 결과는 즉시 나온다. col01은 Primary Key이므로 Primary Key의 B-Tree에 접근하여

최댓값을 즉시 가져오는 것이다.

그러나 FederatedX에서는 최댓값을 추출하기 위한 데이터 전체를 가져오고 이 중 col01이 제일 큰 데이터를 가져와서 쿼리 결과로 리턴하게 된다. 이 역시 서비스 상황에서는 심각한 장애 상황이 될 수 있다.

⑥ 조인 - 인덱스를 통한 조인

위와는 조금 다른 테스트를 해보자. 지금까지는 FederatedX 테이블에 관련한 적절한 where 조건이 없는 상태에서 테스트를 진행했는데, 이번에는 Primary Key로 조인하는 형태로 테스트해보도록 한다. 확연한 차이를 보기 위해 이번에는 7천만 건의 데이터를 생성하여 테스트하고 소요 시간을 측정한다.

```
EXPLAIN
SELECT count(*)
FROM(
 SELECT 1 col01
 UNION ALL
 SELECT 2 col01
) a
INNER JOIN tb_remoteb ON a.col01 = b.col01;
```

● InnoDB 테이블 실행 계획 - 쿼리 실행 시간: 0.01초

| id | select_type | table | type | possible_keys | key | key_len | ref | rows | Extra |
|----|-------------|-------|------|---------------|-----|---------|-----|------|-------|
| 1 | PRIMARY | \<derived2\> | ALL | NULL | NULL | NULL | NULL | 2 | |
| 1 | PRIMARY | b | ref | PRIMARY | PRIMARY | 8 | a.user_id | 253 | Using index |
| 2 | DERIVED | NULL | NULL | NULL | NULL | NULL | ref | NULL | No tables used |
| 3 | UNION | NULL | NULL | NULL | NULL | NUL | ref | NULL | No tables used |

```
¦ NULL ¦ UNION RESULT¦ <union2, 3> ¦ ALL   ¦ NULL          ¦ NULL  ¦ NULL   ¦ ref    ¦ NULL  ¦
+------+-------------+-------------+------+--------------+-------+--------+--------+-------+-----------+
```

## ● FederatedX 테이블 실행 계획 - 쿼리 실행 시간: 0.08초

| id | select_type | table | type | possible_keys | key | key_len | ref | rows | Extra |
|----|-------------|-------|------|---------------|-----|---------|-----|------|-------|
| 1 | PRIMARY | <derived2> | ALL | NULL | NULL | NULL | NULL | 2 | |
| 1 | PRIMARY | b | ref | PRIMARY | PRIMARY | 8 | a.user_id | 65911122 | |
| 2 | DERIVED | NULL | NULL | NULL | NULL | NULL | NULL | NULL | No tables used |
| 3 | UNION | NULL | NULL | NULL | NULL | NUL | NULL | NULL | No tables used |
| NULL | UNION RESULT | <union2, 3> | ALL | NULL | NULL | NULL | NULL | NUL | |

위 결과를 보면 실행 계획상으로는 6천5백만 건을 스캔하는 것처럼 보이지만 실제 내부적인 동작은 그렇지 않다. 다음은 UNION ALL을 2건, 6건, 40건씩 늘려가면서 프로파일링한 결과다.

**표 3-1** UNION ALL의 프로파일링 결과

| 2건 | | 6건 | | 40건 | |
|---|---|---|---|---|---|
| Stautes | Duration | Stautes | Duration | Stautes | Duration |
| starting | 0.000058 | starting | 0.000093 | starting | 0.000138 |
| checking permissions | 0.000006 | checking permissions | 0.000008 | checking permissions | 0.000006 |
| Opening tables | 0.000019 | Opening tables | 0.000021 | Opening tables | 0.000013 |
| System lock | 0.000006 | System lock | 0.000006 | System lock | 0.000006 |
| Table lock | 0.000008 | Table lock | 0.000012 | Table lock | 0.000010 |
| init | 0.000059 | init | 0.000062 | init | 0.000078 |
| optimizing | 0.000005 | optimizing | 0.000005 | optimizing | 0.000006 |
| optimizing | 0.000006 | optimizing | 0.000007 | optimizing | 0.000003 |
| optimizing | 0.000016 | optimizing | 0.000003 | optimizing | 0.000003 |
| statistics | 0.008144 | optimizing | 0.000003 | …중략… | |
| preparing | 0.000017 | optimizing | 0.000002 | optimizing | 0.000003 |
| executing | 0.000006 | optimizing | 0.000003 | optimizing | 0.000003 |
| Sending data | 0.000009 | optimizing | 0.000003 | optimizing | 0.000015 |
| executing | 0.000005 | optimizing | 0.000014 | statistics | 0.007556 |
| executing | 0.000006 | statistics | 0.008795 | preparing | 0.000016 |
| optimizing | 0.000004 | preparing | 0.000017 | executing | 0.000006 |
| statistics | 0.000006 | executing | 0.000006 | Sending data | 0.000009 |
| preparing | 0.000005 | Sending data | 0.000009 | executing | 0.000005 |
| executing | 0.000002 | executing | 0.000005 | executing | 0.000003 |
| Sending data | 0.000008 | executing | 0.000003 | executing | 0.000003 |
| removing tmp table | 0.000005 | executing | 0.000007 | …중략… | |
| Sending data | 0.002169 | executing | 0.000004 | executing | 0.000003 |
| end | 0.000006 | executing | 0.000002 | executing | 0.000005 |
| query end | 0.000004 | executing | 0.000003 | executing | 0.000007 |
| closing tables | 0.000002 | executing | 0.000007 | optimizing | 0.000004 |
| removing tmp table | 0.000005 | optimizing | 0.000004 | statistics | 0.000006 |
| closing tables | 0.000007 | statistics | 0.000006 | preparing | 0.000004 |
| freeing items | 0.000012 | preparing | 0.000004 | executing | 0.000005 |
| logging slow query | 0.000002 | executing | 0.000003 | Sending data | 0.000015 |
| closing up | 0.000004 | Sending data | 0.000009 | removing tmp table | 0.000005 |
| | | removing tmp table | 0.000005 | Sending data | 0.037155 |
| | | Sending data | 0.008824 | end | 0.000008 |
| | | end | 0.000007 | query end | 0.000003 |
| | | query end | 0.000003 | closing tables | 0.000003 |
| | | closing tables | 0.000003 | removing tmp table | 0.000005 |
| | | removing tmp table | 0.000004 | closing tables | 0.000008 |
| | | closing tables | 0.000006 | freeing items | 0.000015 |
| | | freeing items | 0.000012 | logging slow query | 0.000003 |
| | | logging slow query | 0.000003 | closing up | 0.000003 |
| | | closing up | 0.000004 | | |

스토리지 엔진에서 DB 엔진으로 데이터를 보내는 Sending Data가 대략적으로 비례하여[08] 증가한다. 즉, FederatedX에 Primary Key로 접근할 때마다 데이터 조인을 수행하는 것이다. 만약, 조인 쿼리에서 FederatedX에서 데이터를 참조해야 할 데이터 건수가 많아진다면, 쿼리 성능이 떨어질 것이다.

### 3.3.5 FederatedX 스토리지 엔진 사용 시 주의 사항

FederatedX는 원격의 테이블에 접근할 수 있는 인터페이스만 제공할 뿐 데이터를 저장하지는 않는다. 즉, 원격 테이블에 접근하기 위해서는 그와 동일한 테이블 스키마로 FederatedX 테이블을 생성해야 한다. 데이터를 처리할 때 MySQL은 데이터 처리에 필요한 모든 데이터를 스토리지 엔진에 요청하는데, FederatedX를 사용할 경우에는 네트워크를 통해 데이터를 스토리지 엔진에서 로컬로 가져와야 한다. FederatedX 테이블은 원격 테이블로 통하는 창구 역할만 할 뿐이며 데이터는 결국 원격 서버에서 처리된다는 점을 명심하기 바란다.

FederatedX에서 쿼리를 사용할 때에는 절대 가벼운 마음으로 접근해서는 안된다. 기존 테이블은 모든 데이터와 통계 정보가 로컬 디스크에 있다. 그러나 FederatedX는 데이터가 물리적으로 엄격히 다른 서버에 있기 때문에 데이터를 처리할 때 필요한 모든 데이터를 네트워크로 받아 와야 한다. 예를 들어 로컬 서버에서는 커버링 인덱스(쿼리 실행에 필요한 모든 칼럼이 인덱스에 포함되어 인덱스 데이터만으로 쿼리를 실행할 수 있음) 형태로 동작하는 경우에도 실제적으로는 제대로 활용하지 못하는 경우가 발생한다. 즉, FederatedX에서는 'Using Index'를 배제하고 오직 'Using Where'로만 쿼리가 실행한다는 생각으로 쿼리를 작성해야 한다.

또 하나, 실행 계획 상태에서 보이는 ROWS에 큰 의미를 둬서는 안 된다. 가령 Primary Key 순서로 데이터 전체를 읽어서 처리하는 풀 스캔 상태임에도, 데이터

---

08  빨간색으로 표기된 Sending Data가 UNION ALL을 2건, 6건, 40건씩 늘림에 따라서 0.002169, 0.008824, 0.037155로 비례하여 증가한다.

처리량을 2건으로 표기하는 경우가 있다. FederatedX 스토리지 엔진을 사용할 때에는 원격 서버로 접근해서 데이터를 추출하는 데이터 건수를 예측하고 네트워크 비용을 고려하여 쿼리를 작성하는 것이 중요하다.

### 3.3.6 정리

지금까지 FederatedX 스토리지 엔진에 대한 전반적인 개념과 사용 방법, 테스트를 통한 특징까지 알아보았다. 앞에서 살펴본 내용을 정리하면 다음과 같다.

① 쿼리의 where 구문 안에는 Primary Key, 혹은 분포도가 좋은 인덱스가 포함되어야 한다. 적절한 필터 조건이 없다면 서비스 장애가 발생할 수 있다는 사실을 반드시 인지하기 바란다. 데이터가 원격 서버에 위치하는 만큼, 네트워크 비용도 반드시 파악해두도록 한다.

② 조인 대상이 되는 테이블이 FederatedX이면, 조인 데이터 건수에 따라 쿼리 성능이 좌우된다. 테스트 6번을 참고하기 바란다.

③ FederatedX 테이블에서 트랜잭션과 파티셔닝은 MySQL의 FederatedX와 가장 큰 차이점이다(트랜잭션에 대해서는 앞서 별도로 언급하지는 않았으나 2-Phase Commit 형태로 정상적으로 동작하는 것을 확인했다). FederatedX 테이블을 생성한다면 특정한 단일 건을 가져오는 요구 사항에서만 사용하는 것이 좋으며 통계 데이터 계산을 위한 목적으로는 결코 사용해서는 안 된다.

## 3.4 TokuDB 스토리지 엔진

과거와는 다르게 데이터 크기가 비약적으로 커지고 있다. 최근 들어 SNS가 성황을 이루면서 개인화된 데이터가 기하급수적으로 늘어나는 추세다. 이런 시대적 변화에 따라 최근 Fractal Index 기반의 TokuDB가 오픈 소스로 풀리면서 재조명받고 있는데 이에 대해서 알아보자.

TokuDB에 대해 논하기에 앞서, 전통적인 트리 구조인 B-Tree에 대해 먼저 알아보기로 한다. TokuDB에서 사용하는 Fractal Tree 또한 트리 구조이고 현재 광범위하게 사용되는 트리가 바로 B-Tree이다. 그래서 B-Tree에 관해 이해하는 과정을 먼저 거친 뒤 Fractal Tree와 비교해 설명하도록 하겠다.

### 3.4.1 B-Tree란

RDBMS에서 인덱스는 일반적으로 B-Tree 기반으로 동작하는데, B-Tree는 크게 'Internal Node'와 'Leaf Node'로 나뉜다. Internal Node는 데이터를 어느 방향(작으면 왼쪽, 크거나 같으면 오른쪽)으로 보낼지 결정하는 'Pivot'과 다음 Pivot의 위치를 알려주는 'Pointer'로 구성된다. Internal Node의 가장 마지막 포인터는 Leaf Node로 향하는데, Leaf Node에는 보통 데이터가 저장된다.

그림 3-11 B-Tree의 구조

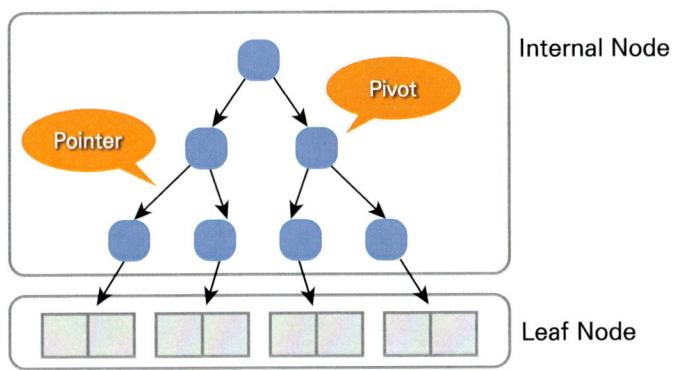

Leaf Node는 트리 특성대로 왼쪽에서 오른쪽으로 순서대로 데이터가 저장된다. 이러한 구조로 구성된 트리는 특정 범위의 데이터를 가져올 수 있는 'Range 처리'가 가능하다.

B-Tree는 데이터가 증가해도 Pivot을 거치는 횟수는 일정 수치 이상으로 늘지 않는다. 물론 Pivot 수와 Leaf Node 수는 데이터 증가 수와 비례하여 선형적으로 늘어

나지만, 원하는 Leaf Node에 접근하기 위해 거치는 Pivot 수는 크게 늘지 않는다.

그림 3-11의 트리에서 Leaf Node에 접근하기 위해 거치는 Pivot 수는 3이다. 만약 Leaf Node가 8개로 늘어나면 Pivot을 4번 거치고, 16개면 5번 거치게 된다. 즉, Leaf Node 수(데이터 크기)가 현재 수의 2배가 되어야 1회 더 거치게 되는 것이다. Leaf Node는 키 순으로 저장되어 있기 때문에, Leaf Node를 따라가면 범위 처리에 효과적이다. 또한 데이터 사이즈가 아무리 커져도 Pivot을 통해 몇 단계 내로 데이터 접근이 가능하기 때문에 데이터의 단건 처리에도 효과적이다.

그러나 데이터의 크기가 커지면 B-Tree도 큰 문제에 봉착한다. 메모리 자원이 한정되어 있기 때문에, 데이터가 커지면 모든 데이터를 메모리에 위치시킬 수가 없다. 그래서 데이터의 크기가 크다면 Leaf Node의 대부분은 디스크에 있을 가능성이 높다. 즉, Leaf Node가 디스크에 있을 비율이 높아질수록 데이터 Read/Write 시 Disk I/O가 잦아질 것이다. 이를 그림으로 나타낸 것이 그림 3-12이다.

**그림 3-12** 메모리 부족에 따른 Disk I/O 발생

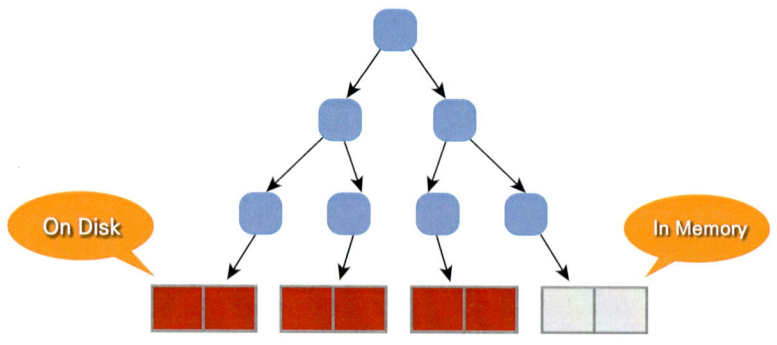

컴퓨터 시스템 내부 작업 중에서 성능이 가장 느린 것이 디스크에서 Read/Write을 수행하는 작업이다. 아무리 좋은 알고리즘을 이용하여 데이터를 처리한다 하여도 디스크 접근이 잦으면, 게다가 그 동작의 순서가 보장되지 않는 랜덤한 디스크

블록을 읽어야 한다면, 성능은 결코 보장되지 않는다.

B-Tree의 특성상 트리에 데이터가 유입될 때 바로 반영해야 하기 때문에 메모리가 부족하면 Disk Read/Write에서 즉시 성능 병목현상이 발생한다. 아무리 CPU 자원이 남아돌아도 처리할 데이터를 Disk I/O Wait로 인해 메모리에 로딩하지 못하면 의미가 없다. 쿼리에 필요한 데이터가 디스크에 저장되어 있다면 디스크에서 데이터를 읽고 메모리에 저장해두어야 CPU에서 데이터를 처리할 수 있기 때문이다.

표 3-2 B-Tree 성능

|  | Random Insert | Point Query | Range Query |
| --- | --- | --- | --- |
| In-Memory | 보통 | 좋음 | 좋음 |
| On-Disk | 최악 | 최악 | 보통 |

## 3.4.2 Fractal Tree란?

TokuDB 스토리지 엔진은 앞서 언급한 문제를 해결하기 위해 'Fractal Tree'를 사용한다. Fractal Tree는 'Big I/O'[09]에 초점을 맞춘 자료 구조로, 잦은 Disk I/O를 줄이고 한 번에 여러 데이터를 하단 노드로 전달하기 때문에 데이터가 많아도 효과적으로 처리할 수 있다.

Fractal Tree의 생김새는 B-Tree와 크게 다르지 않다. Fractal Tree는 B-Tree처럼 Internal Node와 Leaf Node로 구성되어 있고 Leaf Node에는 일반적으로 데이터가 저장되어 있다. Internal Node는 B-Tree와 마찬가지로 데이터를 어느 방향(작으면 왼쪽, 크거나 같으면 오른쪽)으로 보낼지 결정하는 Pivot과 다음 Pivot의 위치를 알려주는 Pointer로 구성되어 있다. 다만 각 Pivot에는 버퍼Buffer 공간이 있다는 게 차이점이다.

---

09  잦은 디스크 I/O보다는 한 번에 많은 데이터를 디스크로부터 Read/Write 하는 것을 말한다.

**그림 3-13** Fractal 인덱스 구조

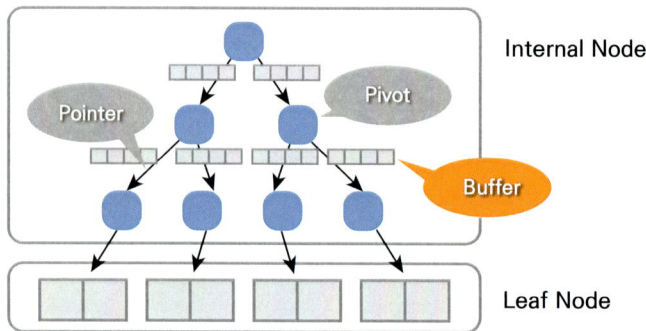

데이터가 유입되면 B-Tree처럼 바로 데이터를 Child Node(Pointer가 가리키는 Node)로 전달하지 않고 버퍼 공간에 저장한다. 그리고 버퍼에 데이터가 가득하면 버퍼에 쌓인 데이터를 Child Node로 전달한다.

그림 3-13의 왼쪽 트리를 보면 노드마다 버퍼 공간(회색 사각형)이 있다. 이 버퍼는 메모리상에 있는 별도의 공간이며, 데이터 유입 시 바로 자식 노드로 데이터를 내려보지 않고 일시적으로 버퍼 공간에 보관한다. 가령 그림 3-14에서처럼 트리에 데이터(2, 22)가 유입되면(오른쪽 이미지 참고), 22 노드의 자식 노드로 바로 데이터를 내려보내지 않고 일시적으로 보관하는 것이다(버퍼는 최대 2개의 데이터를 저장할 수 있다고 가정함).

**그림 3-14** Fractal Index에 데이터 추가 #1

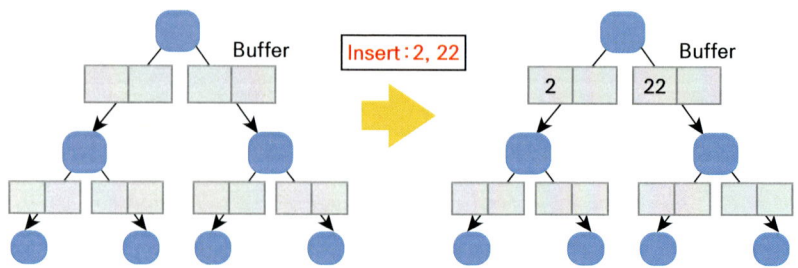

이 상태에서 데이터(99)가 추가로 들어오면 그림 3-15의 ①과 같이 오른쪽 버퍼 공간에 채워진다. 이후 새로운 데이터(23)가 들어오면 오른쪽 버퍼에 더 이상 공간이 없으므로 이 순간 데이터를 자식 노드로 내려보낸다(②). 바로 이 단계에서 Disk I/O가 발생할 수 있다. 버퍼 공간이 확보되면 23을 다시 빈 버퍼 공간에 넣게 되며, 최종적으로 23이 Fractal Tree에 저장된다(③).

**그림 3-15** Fractal Index에 데이터 추가 #2

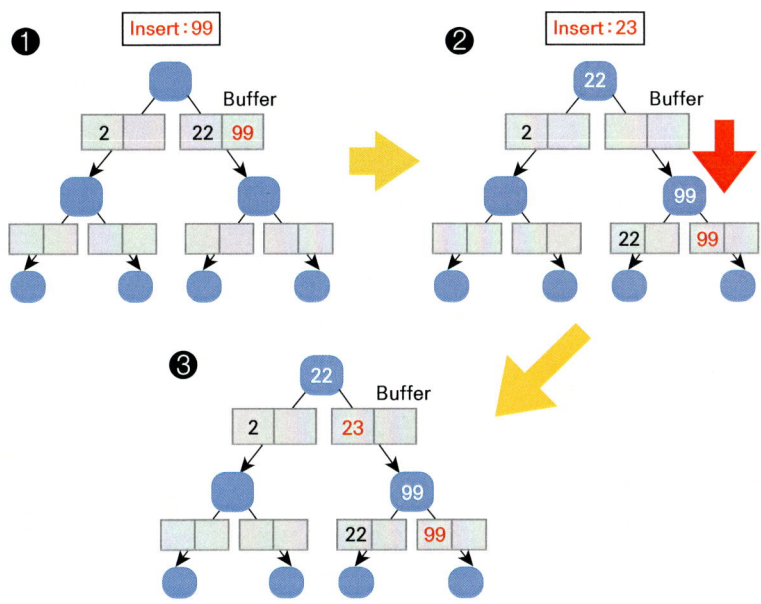

B-Tree에서 데이터 유입 시 매번 자식 노드로 데이터를 보내며 발생하던 잦은 Disk I/O가 Fractal Tree에서는 각 노드의 버퍼 공간으로 인해 극적으로 감소되는 것을 확인할 수 있다(필자는 TokuDB를 사용하여 테스트 데이터를 생성했는데 테스트하는 동안 TokuDB의 데이터 크기 변화가 크지 않음을 확인했다).

한 번에 Disk I/O가 발생하기 때문에 얻을 수 있는 이점은 I/O 횟수 감소 외에 더 있다. B-Tree의 경우 잦은 Random Insert 시 Leaf Node의 블록이 단편화되는 현상이 자주 발생하지만, Fractal Tree는 뭉쳐서 Disk I/O를 수행하기 때문에 압축률이 좋을 뿐만 아니라 블록 단편화가 훨씬 줄어드는 것이다.

표 3-3 Fractal Index 성능

|  | Random Insert | Point Query | Range Query |
| --- | --- | --- | --- |
| In-Memory | 좋음 | 좋음 | 좋음 |
| On-Disk | 좋음 | 좋음 | 좋음 |

TokuDB에서 Fractal Tree Index는 메시지Message 기반으로 동작한다. 데이터 변화가 발생하면 즉시 Leaf Node로 전달하는 것이 아니라, 발생했던 이벤트를 각 노드가 가지는 버퍼에 순차적으로 붙인 뒤 버퍼가 가득 차면 버퍼에 저장된 메시지를 자식 노드로 전달한다.

그림 3-16 TokuDB에서 Fractal Index 사용 예

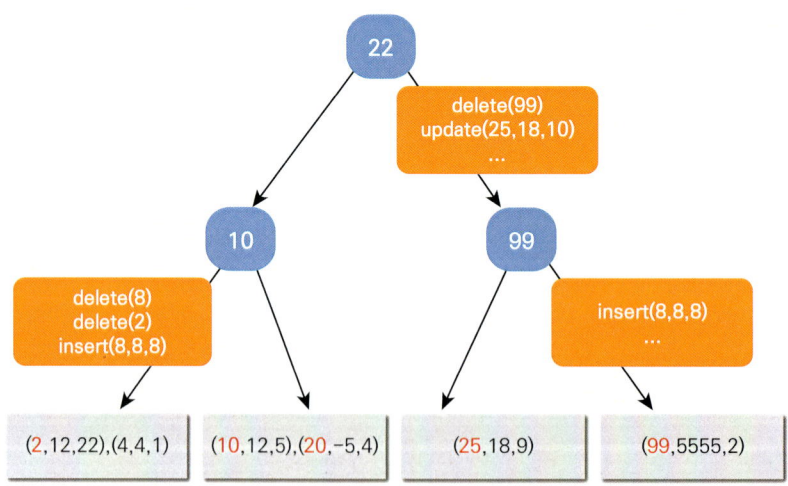

그림 3-16에서 가장 마지막에 수행된 연산은 '99번 데이터를 지우라'는 것이지만, 실제로 Leaf Node에서 즉시 지워지지는 않는다. 이에 대한 이벤트는 메시지 형태로 버퍼에 저장되고 관련 내용은 언젠가 Leaf Node로 전달되어 적용될 것이다.

### 3.4.3 TokuDB 설치

MariaDB에서도 TokuDB 스토리지 엔진Storage Engine을 활성화할 수 있는 가이드를 제시해주고는 있다. 하지만 필자는 Tokutek 웹 사이트[10]에 직접 가서 필요한 버전을 다운받아 사용할 것을 권한다.

그림 3-17 TokuDB 웹 사이트

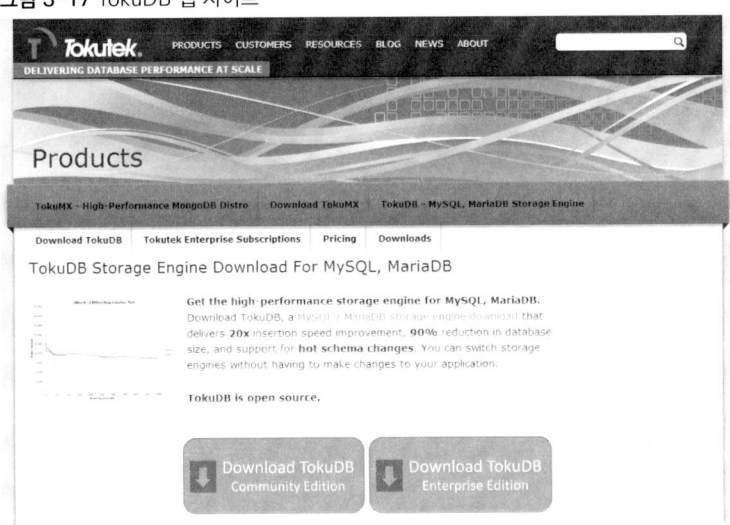

필자가 집필하는 이 시점에는 MariaDB 5.5.30에 패키징된 버전인 'TokuDB 7.1.0 Community Edition for MariaDB 5.5.30'을 사용할 수 있다. 아마 조만간 MariaDB의 새로운 버전에 패키징된 바이너리를 다운받을 수 있을 것이다.

---

10 http://www.tokutek.com/products/mysql-download-for-mysql-mariadb/

다운받은 설치 파일은 앞서 2.1 섹션에서 설명했던 방법과 동일하게 MariaDB
에 설치하면 된다. 단, TokuDB를 사용하는 경우 InnoDB는 큰 의미가 없으므
로, skip_innodb 옵션을 적용하여 InnoDB 스토리지 엔진이 사용되지 않도록
조치한다. TokuDB 관련 로그는 별도의 디스크에 저장하기로 했으므로, /data/
mysql/tokudb-log 디렉터리를 반드시 생성하고 설치를 진행하기 바란다.

```
[client]
port = 3306
socket = /tmp/mysql.sock

[mysqld]

# generic configuration options
port = 3306
socket = /tmp/mysql.sock
back_log = 100
max_connections = 500
max_connect_errors = 10
table_open_cache = 2048
max_allowed_packet = 16M
join_buffer_size = 8M
read_buffer_size = 2M
read_rnd_buffer_size = 16M
sort_buffer_size = 8M
query_cache_type = 0
default_storage_engine = innodb
thread_stack = 256K
max_heap_table_size = 16M
tmp_table_size = 16M
log_bin_trust_function_creators = 1
secure_auth = 1
```

```
skip_external_locking
skip_symbolic_links

## config server and data path
basedir = /usr/local/mysql
datadir = /data/mysql/mysql-data
tmpdir = /data/mysql/mysql-tmp
log_bin = /data/mysql/mysql-binlog/mysql-bin
relay_log = /data/mysql/mysql-binlog/mysql-relay
innodb_data_home_dir = /data/mysql/mysql-data
innodb_log_group_home_dir = /data/mysql/mysql-iblog

## config character set
character_set_server = utf8
collation_server = utf8_general_ci

## bin log
binlog_format = row
binlog_cache_size = 4M

## Replication related settings
server_id = 1
expire_logs_days = 3
log_slave_updates

## MyISAM Specific options
key_buffer_size = 32M
myisam_sort_buffer_size = 8M
myisam_max_sort_file_size = 16M
myisam_repair_threads = 1
myisam_recover = FORCE,BACKUP
```

```
## INNODB Specific options
skip_innodb

## TokuDB
tokudb_data_dir          = /data/mysql/mysql-data
tokudb_log_dir           = /data/mysql/tokudb-log
tokudb_tmp_dir           = /data/mysql/mysql-tmp
tokudb_commit_sync       = OFF
tokudb_row_format        = tokudb_small

thread_handling=pool-of-threads

## Thread Pool
thread_pool_idle_timeout = 3600
thread_pool_stall_limit = 100
extra_port=3307
extra_max_connections=10

[mysqldump]
quick
max_allowed_packet = 16M

[mysql]
no_auto_rehash

[mysqld_safe]
open_files_limit = 8192
```

정상적으로 TokuDB를 구동했다면 기존의 InnoDB와는 조금 다른 데이터 파일 구성을 확인할 수 있다.

```
$ ls -al /data/mysql/mysql-data/*toku*
-rw------- 1 mysql dba         0 10월 21 16:19 __tokudb_lock_dont_delete_me_data
-rw------- 1 mysql dba         0 10월 21 16:19
__tokudb_lock_dont_delete_me_environment
-rwxrwx--x 1 mysql dba    262144  1월 14 11:31 tokudb.directory
-rwxrwx--x 1 mysql dba     16384 10월 21 16:19 tokudb.environment
-rwxrwx--x 1 mysql dba  16777216  1월 14 11:31 tokudb.rollback
-rwxrwx--x 1 mysql dba     32768  1월 14 11:30 tokudb_meta_3_0_18.tokudb


$ ls -al /data/mysql/mysql-tmp
-rw------- 1 mysql dba 0 10월 21 16:19 __tokudb_lock_dont_delete_me_temp


$ ls -al /data/mysql/tokudb-log
-rw------- 1 mysql dba         0 10월 21 16:19 __tokudb_lock_dont_delete_me_logs
-rw------- 1 mysql dba         0 10월 21 16:19 __tokudb_lock_dont_delete_me_recovery
-rwx------ 1 mysql dba  51363035  1월 19 14:00 log000000011779.tokulog24
```

인덱스가 두 개 포함된 테이블을 하나 생성하면, 데이터 파일은 다음과 비슷한 형태로 테이블 데이터가 구성된다. tokudb_data_dir 하단에 TokuDB와 관련한 모든 데이터 파일이 저장된다(테이블이 많아지면 파일 개수가 굉장히 많아질 수 있다).

```
$ ls -al /data/mysql/mysql-data/*toku*
-rw------- 1 mysql dba         0 10월 21 16:19 __tokudb_lock_dont_delete_me_data
-rw------- 1 mysql dba         0 10월 21 16:19
__tokudb_lock_dont_delete_me_environment
-rwxrwx--x 1 mysql dba     20992 10월 21 16:34
_testdb_tab01_key_idx01_39bc_1_18_B_2.tokudb
-rwxrwx--x 1 mysql dba     16896 10월 21 16:34
_testdb_tab01_key_idx02_39bc_1_18_B_1.tokudb
-rwxrwx--x 1 mysql dba     16896 10월 21 16:34
_testdb_tab01_main_39bc_1_18_B_0.tokudb
```

```
-rwxrwx--x 1 mysql dba   32768 10월 21 16:25
_testdb_tab01_status_133f_1_18.tokudb
-rwxrwx--x 1 mysql dba   262144  1월 14 11:31 tokudb.directory
-rwxrwx--x 1 mysql dba    16384 10월 21 16:19 tokudb.environment
-rwxrwx--x 1 mysql dba 16777216  1월 14 11:31 tokudb.rollback
-rwxrwx--x 1 mysql dba   32768  1월 14 11:30 tokudb_meta_3_0_18.tokudb
```

MariaDB에 접근하여 로딩된 스토리지 엔진을 조회해보면, InnoDB는 'Disable'
되고 TokuDB는 정상적으로 로딩된 것을 확인할 수 있다(붉은색 데이터 확인).

```
mariadb> show engines;

+---------------+----------+-------------------------+--------------+------+------------+
| Engine        | Support  | Comment                 | Transactions | XA   | Savepoints |
+---------------+----------+-------------------------+--------------+------+------------+
| MEMORY        | YES      | Hash based, stored in m..| NO          | NO   | NO         |
| MRG_MYISAM    | YES      | Collection of identical..| NO          | NO   | NO         |
| MyISAM        | YES      | MyISAM storage engine ..| NO          | NO   | NO         |
| BLACKHOLE     | YES      | /dev/null storage engin..| NO          | NO   | NO         |
| CSV           | YES      | CSV storage engine   ..| NO          | NO   | NO         |
| TokuDB        | DEFAULT  | Tokutek TokuDB Storage ..| YES         | YES  | YES        |
| PERFORMANCE_S | YES      | Performance Schema..    | NO          | NO   | NO         |
| ARCHIVE       | YES      | Archive storage engine ..| NO          | NO   | NO         |
| FEDERATED     | YES      | FederatedX pluggable st..| YES         | NO   | YES        |
| InnoDB        | NO       | Percona-XtraDB, Support..| NULL        | NULL | NULL       |
| Aria          | YES      | Crash-safe tables with ..| NO          | NO   | NO         |
+---------------+----------+-------------------------+--------------+------+------------+
```

현재 동작 중인 플러그인에서도 TokuDB 관련된 플러그인이 정상적으로 존재해야
한다.

```
mariadb> show plugins;
+-------------------------------+----------+--------------------+-------------+---------+
| Name                          | Status   | Type               | Library     | License |
+-------------------------------+----------+--------------------+-------------+---------+
| binlog                        | ACTIVE   | STORAGE ENGINE     | NULL        | GPL     |
| mysql_native_password         | ACTIVE   | AUTHENTICATION     | NULL        | GPL     |
| mysql_old_password            | ACTIVE   | AUTHENTICATION     | NULL        | GPL     |
| CSV                           | ACTIVE   | STORAGE ENGINE     | NULL        | GPL     |
| MEMORY                        | ACTIVE   | STORAGE ENGINE     | NULL        | GPL     |
| MyISAM                        | ACTIVE   | STORAGE ENGINE     | NULL        | GPL     |
| MRG_MYISAM                    | ACTIVE   | STORAGE ENGINE     | NULL        | GPL     |
| ARCHIVE                       | ACTIVE   | STORAGE ENGINE     | NULL        | GPL     |
| BLACKHOLE                     | ACTIVE   | STORAGE ENGINE     | NULL        | GPL     |
| FEDERATED                     | ACTIVE   | STORAGE ENGINE     | NULL        | GPL     |
| Aria                          | ACTIVE   | STORAGE ENGINE     | NULL        | GPL     |
| PERFORMANCE_SCHEMA            | ACTIVE   | STORAGE ENGINE     | NULL        | GPL     |
| InnoDB                        | DISABLED | STORAGE ENGINE     | NULL        | GPL     |
                                     ..중략..
| partition                     | ACTIVE   | STORAGE ENGINE     | NULL        | GPL     |
| TokuDB                        | ACTIVE   | STORAGE ENGINE     | ha_tokudb.so| GPL     |
| TokuDB_trx                    | ACTIVE   | INFORMATION SCHEMA | ha_tokudb.so| GPL     |
| TokuDB_locks                  | ACTIVE   | INFORMATION SCHEMA | ha_tokudb.so| GPL     |
| TokuDB_lock_waits             | ACTIVE   | INFORMATION SCHEMA | ha_tokudb.so| GPL     |
| TokuDB_file_map               | ACTIVE   | INFORMATION SCHEMA | ha_tokudb.so| GPL     |
| TokuDB_fractal_tree_info      | ACTIVE   | INFORMATION SCHEMA | ha_tokudb.so| GPL     |
| TokuDB_fractal_tree_block_map | ACTIVE   | INFORMATION SCHEMA | ha_tokudb.so| GPL     |
+-------------------------------+----------+--------------------+-------------+---------+
```

### 3.4.4 TokuDB 설정 변수

TokuDB에 대한 모든 사항을 이 책에서 설명하기는 사실상 불가능하다. 여기서는 TokuDB에서 반드시 살펴봐야 할 설정 변수에 대해서만 간단히 살펴보자.

표 3-4 TokuDB의 중요한 변수들

| 설정 변수 | 설 명 |
| --- | --- |
| tokudb_commit_sync | 트랜잭션 Commit 시 곧장 트랜잭션 로그로 Flush할지 결정하는 것으로, 설정 값이 1인 경우 디스크 Flush 횟수가 늘어나므로 Write 성능이 떨어질 수 있다. 현재 버전에서는 Binary Log가 활성화된 경우 tokudb_commit_sync가 1인 것처럼 동작한다(RAID Card에 Write Cache가 있는 경우 성능 저하는 크지 않다). |
| tokudb_cache_size | TokuDB가 사용할 캐시 크기를 의미한다. 기본적으로 물리적 메모리의 50% 값을 할당한다. OS의 'Bufferd I/O'를 사용할 경우에는 기본값을 유지하는 것을 권고하며, Direct I/O 사용 시에는 80%까지 할당해도 된다. |
| tokudb_row_format | tokudb_default, tokudb_fast, tokudb_small 중 하나를 가질 수 있다.<br><br>〈tokudb_default〉<br>- 7.1.0 버전부터는 zlib를 통하여 데이터를 압축<br><br>〈tokudb_fast〉<br>- quicklz을 통하여 데이터 압축<br><br>〈tokudb_small〉<br>- lzma 라이브러리를 사용하여 데이터를 압축 |
| tokudb_block_size | Fractal Tree를 구성하는 Internal/Leaf Node 크기로, 기본값은 4MB이다. 변경 시에는 테이블을 재구성해야 한다. |
| tokudb_read_block_size | 데이터에 대한 질의를 빠르게 수행하기 위해 tokudb의 노드를 tokudb_read_block_size만큼 한 번에 읽는데, 기본값은 64KB이다. 이 값이 작아지면 작은 범위의 데이터를 읽거나 단일 데이터를 가져오는 성능이 좋아지지만, 큰 범위의 데이터 처리 및 압축 성능은 떨어질 수 있다. 4KB가 최솟값이며, 이 값을 변경하기 위해서는 테이블을 재구성해야 한다. |

## 3.4.5 TokuDB가 강력한 이유

지금까지 TokuDB 스토리지 엔진에 관해 간단히 살펴보았다. 사실 TokuDB를 짧게 정리한다는 것은 거의 불가능하다. 위에서 언급하지는 않았지만, TokuDB는 Online Alter 기능도 자체적으로 제공하고 Bulk Insert에 대한 성능도 대단히 뛰어나다. 이러한 기능적인 요소를 간과할 수는 없겠지만, TokuDB가 매력적인 대표

적인 이유를 정리해보면 다음과 같다.

① Disk I/O 카운트를 효과적으로 줄여서 Insert 성능이 크게 뒤떨어지지 않는다. 매번 Disk I/O가 발생하지 않고 버퍼링된 데이터를 한 번에 처리하기 때문에, 데이터 크기가 커진다 해도 처리 성능이 크게 떨어지지는 않는다. 그림 3-18을 통해 tokutek에서 공개한 InnoDB와 TokuDB의 Insert 성능에 대한 추이를 확인할 수 있다.

**그림 3-18** tokutek에서 공개한 InnoDB와 TokuDB의 Insert 성능 추이

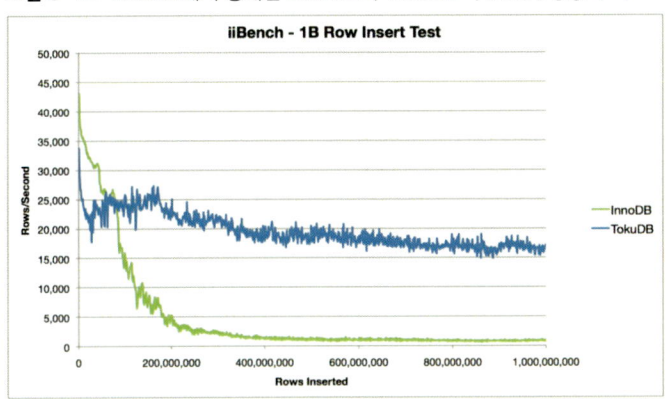

② 압축 효율이 좋다. 압축 효율이 좋다는 것은 OS의 Buffered I/O를 충분히 활용할 수 있다는 의미다. 물론 압축된 데이터를 풀기 위해서는 추가적인 CPU 연산이 필요하지만, 데이터가 커서 발생하는 I/O Wait보다는 CPU 자원을 활용해 메모리에 저장된 압축 데이터를 처리하는 것이 오히려 효율적일 것이다. 필자는 실제로 150G 이상의 데이터를 TokuDB의 small 포맷으로 변경한 후 데이터 크기가 10G 정도로 줄어든 것을 확인했다. 이 파일이 모두 메모리에 캐싱된다면, 150G 이상의 데이터를 처리할 때에도 Disk I/O를 거의 유발하지 않을 수 있는 상태가 되는 것이다.

지금까지 TokuDB를 소개하고 장점과 특징을 설명했다. 그러나 여기서 다룬 내용만으로는 TokuDB를 제대로 사용하기가 어려울 것이다. TokuDB로의 전환을 계획하고 있는 개발자라면 반드시 TokuDB 관련 문서를 꼼꼼히 읽어보고 사용하길 바란다.

# 4 | MariaDB에서 개선된 기능들

MariaDB가 주목받는 이유는 단순히 MySQL과 같은 오픈 소스라서가 아니다. MariaDB가 MySQL의 태생적 한계를 개선하여 배포되었기 때문이다. 4장에서는 개선된 MariaDB의 기능들에 대해 알아본다.

## 4.1 디스크 접근 최적화

지금까지 여러 번 설명한 것처럼 MariaDB는 기능이 좋은 MySQL이라고 할 수 있다. MariaDB에서는 DB 엔진과 스토리지 엔진 간 데이터 전송이 개선됐고, 조인 시 효과적으로 수행하기 위해 개선된 블록 기반의 조인 알고리즘을 제공한다.

### ■ Index Condition Pushdown

MySQL에서는 기본적으로 DB 엔진과 스토리지 엔진의 역할이 명확하게 구분된다. DB 엔진은 데이터를 처리하여 클라이언트에 전달하고 스토리지 엔진은 물리적 장치에서 읽어와 DB 엔진에 전달한다.

이런 구조로 인해 다양한 스토리지 엔진을 적용할 수 있는 확장성을 얻을 수 있지만, 그에 따라 내부적인 비효율 문제가 발생한다. 가령 인덱스가 (key_col1, key_col2)로 구성된 상태에서 tbl 테이블에 다음과 같은 질의가 들어오는 경우를 생각해보자.

```
select * from tbl
where key_col1 between 10 and 11
and key_col2 like '%foo%';
```

여기서 데이터를 스토리지 엔진에 전달할 때는 key_col1에 해당하는 조건만 전달할 수 있다.

다음의 그림 4-1을 참고하면 key_col2가 문자열 패턴 검색일 뿐만 아니라, Like 가 아닐지라도 B-Tree의 특성상 이미 Range 조건 이후에 존재하는 인덱스 칼럼 (key_col02)은 활용할 수 없다. key_clo2의 경우 key_col1처럼 전체가 키 순으로 정렬되어 있다고 보장할 수 없기 때문이다.

**그림 4-1** B-Tree에서 정렬하기

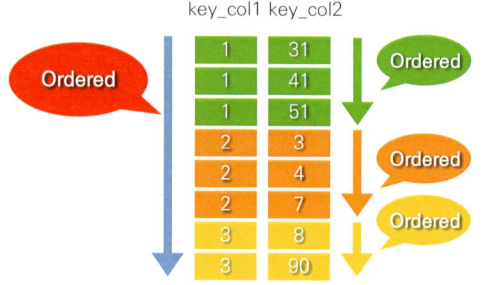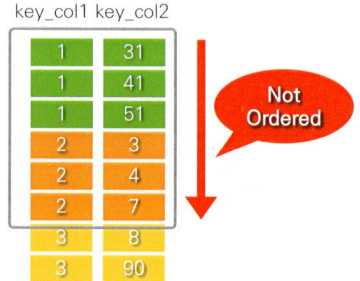

그림 4-1에서 1과 2 사이의 값을 가져온다고 할지라도, key_col2가 정렬되어 있지 않기 때문에 key_col1으로 걸러진 데이터를 일일이 비교하며 체크해야 한다.

데이터가 적은 경우에는 이러한 점이 큰 문제가 되지는 않을 것이다. 그럼, key_col1으로 걸러진 결과가 100만 건이라고 가정한다면 어떨까. 그러면 DB 엔진으로 스토리지 엔진에 있는 100만 건의 데이터를 모두 가져온 다음, key_col2 유효성을 체크하게 된다. 바로 이때(스토리지 엔진에서 DB 엔진으로 데이터를 전송하는 과정) 'Sending Data' 상태에 빠지며 쿼리 비효율이 발생한다.

**그림 4-2** Index Codition Pushdown이 아닌 경우

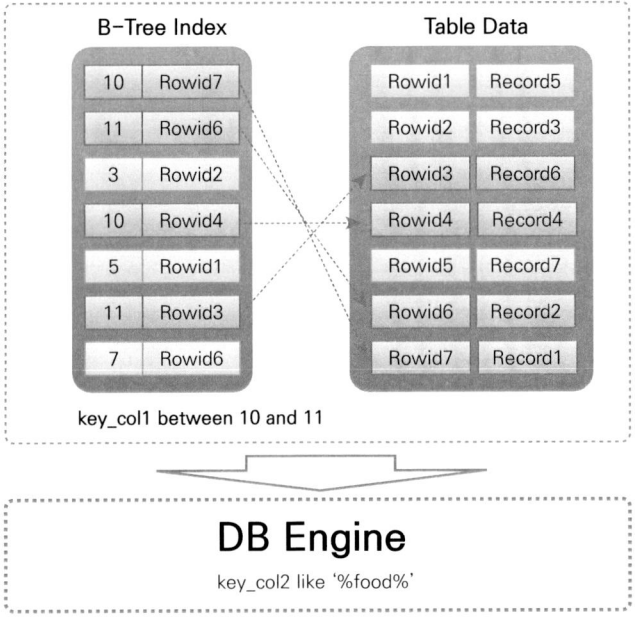

MariaDB에서는 'Index Condition Pushdown' 기능이 추가되어 스토리지 엔진 레벨에서 인덱스를 활용하여 한 번 더 데이터를 필터링한 후 필요한 데이터만 DB 엔진으로 전달한다. 즉, 스토리지 엔진에서 과도하게 데이터를 전달하지 않고 스토리지 엔진 레벨에서 즉시 판단해 데이터를 전달하기 때문에 쿼리 성능이 좋아지는 것이다.

**그림 4-3** Index Condition Pushdown

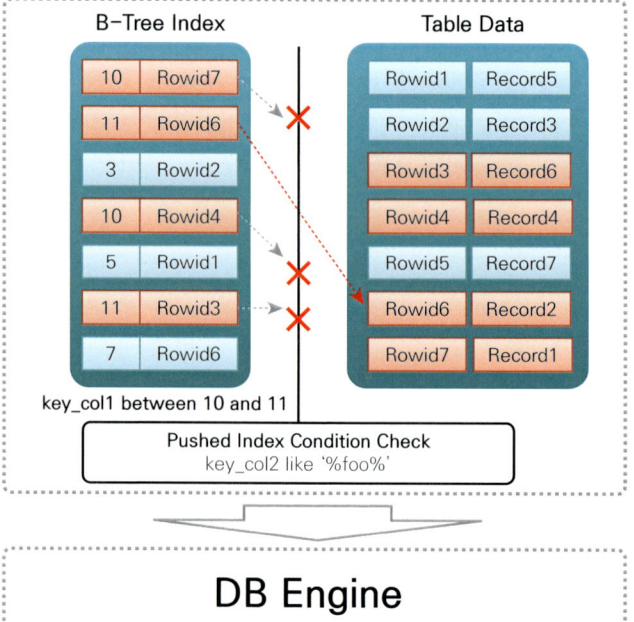

그림 4-2와는 달리, 그림 4-3에서는 DB 엔진에 오직 한 건만 전달한다. 테스트상으로는 1분 넘게 소요되던 쿼리가 1초 이내로 처리되는 효과를 보였다. 단, Index Condition Pushdown이 정상적으로 동작하려면 인덱스 칼럼에 모든 조건이 포함되어야 하는 '커버링 인덱스' 형태로 이루어져야 한다. 그렇지 않을 시 옵티마이저는 풀 스캔이 더 빠른 것으로 판단한다.

### ■ Multi-Record Read

전통적인 디스크는 'Random Access'에 취약하다. 헤더는 디스크가 돌고 있는 상태에서 데이터가 저장된 곳을 스캔하여 데이터를 읽어들이기 때문에, 자칫 잘못하면 디스크가 1회 회전하는 동안 1건의 Disk I/O가 발생할 수 있다. 대신 블록 순서대로 데이터를 읽을 경우 디스크가 회전하는 순서로 데이터에 접근할 수 있기 때문에, 전통적인 디스크에서는 'Sequential Read'에서 좋은 성능을 보인다.

MariaDB에서는 데이터를 효과적으로 읽어오기 위해 'Multi-Record Read' 기능을 제공하여, 필요한 데이터를 블록 순서에 따라 정렬하고 디스크에 요청한다. 즉, 이전에는 블록을 읽기 위해 매번 무작위로 디스크에 접근해야 했지만, 블록 순서로 정렬하여 데이터를 요청하기 때문에 Sequectial Read만으로도 다량의 데이터를 추출할 수 있게 된 것이다.

그림 4-4  Multi-Record Read의 동작

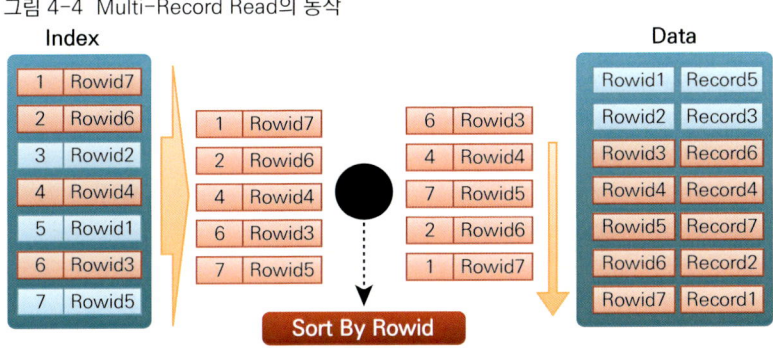

인덱스Index에서 키가 '1, 2, 4, 6, 7'에 해당하는 결과를 가져와서 이를 다시 RowID 기준으로 정렬한다. 그리고 RowID 기준으로 디스크에 데이터를 요청하는데, RowID 기준으로 데이터를 가져오므로 오버헤드가 크게 발생하지 않는다. 물론 메모리상에서 RowID 기준으로 재정렬해야 하는 수고가 따르지만, 디스크에서 다수의 Read I/O가 발생하여 생기는 성능 저하보다는 훨씬 유리하다.

### 4.1.1 조인 버퍼

MariaDB는 조인 버퍼Join Buffer를 기존보다 더욱 효율적으로 사용한다. 조인 시 가변형 데이터 타입(VARCHAR와 같은)의 최대 문자열 크기보다 짧은 문자열이 저장되었을 때, 남은 사이즈의 \0 문자를 버퍼에 채우지 않는다. 또한 Null 데이터의 경우 조인 버퍼에 적재하지 않고 처리한다. 즉, 조인 버퍼의 활용 효율이 더욱 좋아졌다.

### ■ Incremental Join Buffer

위에서 설명한 방법은 조인 버퍼를 더욱더 효율적으로 사용하기 위한 새로운 접근법이다. 가령 테이블 A, 테이블 B, 테이블 C 등 세 개의 테이블을 조인할 경우에는 두 개의 조인 버퍼를 내부적으로 사용한다.

첫 번째 조인 버퍼(테이블 A과 테이블 B 사이의 조인 버퍼)는 테이블 A의 레코드 값을 임시로 저장하고 테이블 B와 비교하기 위한 용도로 사용한다. 두 번째 조인 버퍼("테이블 A와 테이블 B 결과"와 테이블 C 사이의 조인 버퍼)는 앞선 결과값과 테이블 C의 조인을 위해 임시로 데이터를 저장하는 용도로 사용된다. 기존까지는 '테이블 A와 테이블 B 결과'를 'Copy'하면서 두 번째 조인 버퍼에 적재했다. 이 과정에서 메모리에 데이터가 이중으로 적재되는 현상이 발생했는데, 이는 비효율적이다.

그러나 'Incremental Join Buffer' 방식을 따르면 데이터를 복사하지 않고, 그림 4-5와 같이 테이블 A와 테이블 B 결과가 저장된 임시 공간에 접근할 수 있는 포인터 값만 조인 버퍼에 저장한다. 즉, '불필요한 데이터 Copy를 제거'함으로써 메모리 공간을 더욱 효율적으로 활용할 수 있는 것이다.

**그림 4-5** Incremental Join Buffer의 동작

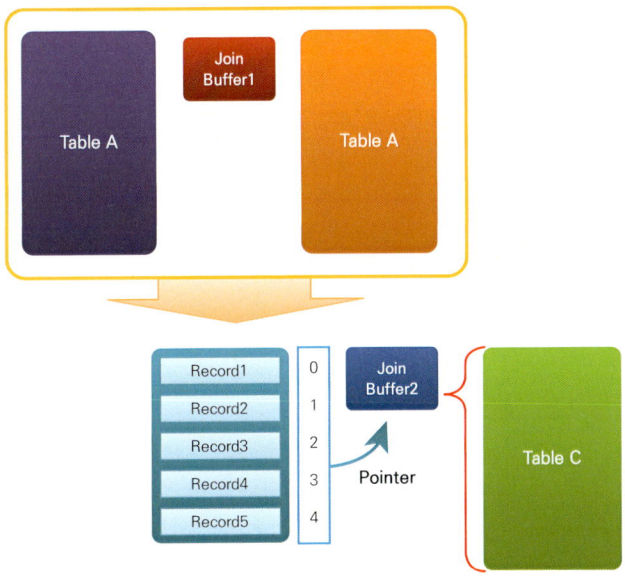

### ■ Join Buffer with Outer-Join/Semi-Join

MariaDB 5.3 버전부터는 Inner-Join뿐만 아니라 Outer-Join과 Semi-Join에도 조인 버퍼를 활용한다. Outer-Join에서는 조인 버퍼 내부에 '매칭 플래그'가 포함된다. 즉, 테이블 A가 기준 테이블인 경우 관련 데이터와 매칭 여부를 체크하는 플래그가 내부적으로 포함된다. 매칭 플래그는 기본적으로 OFF 값으로 설정되어 있고, 테이블 B에서 일치하는 데이터를 찾으면 플래그를 ON으로 변경한다.

조인 버퍼에서 테이블 A와 테이블 B 간 데이터 매칭 여부를 체크한 후에도 플래그의 값이 여전히 OFF인 필드는 테이블 B에 해당하는 칼럼들을 NULL로 채운다. 이때, NULL로 채워진 값은 테이블 A에는 존재하지만 테이블 B에는 없는 데이터를 의미한다.

그림 4-6 MariaDB의 조인 버퍼

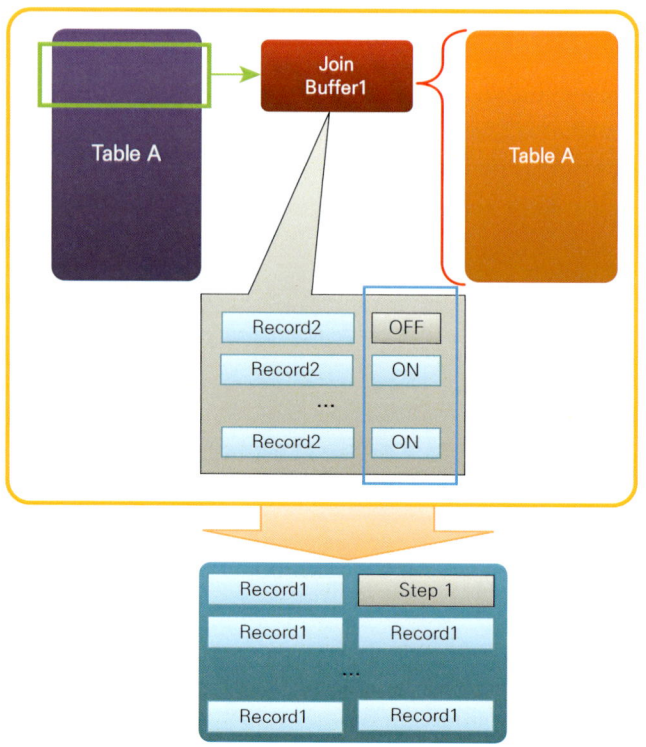

Semi-Join(IN 안의 서브쿼리와 같은 조건)에서도 매칭 플래그는 비슷한 용도로 사용된다. 다만 매칭 플래그가 On이 되는 시점에, 관련 데이터를 테이블 B에서 더 이상 탐색하지 않는다는 차이점이 있다.

## 4.1.2 Block Based Join Algorithm

### ■ Block Nested Loop Join

블록 기반의 조인 알고리즘을 소개하기에 앞서, 'Block Nested Loop Join'에 대해 알아보자. 테이블 A와 테이블 B가 있는 상황에서 다음 SQL을 처리하는 경우를 생각해보자.

```
Select a.r1, b.r2
From TABEL_A a
Inner Join TABLE_B On a.r1 = b.r2
```

**그림 4-7** Block Nested Loop Join의 데이터 처리

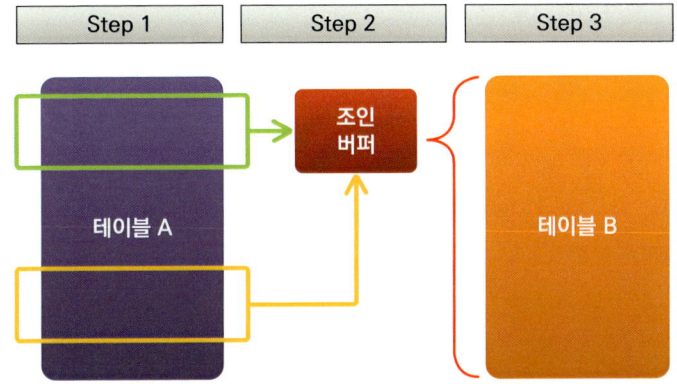

먼저 테이블 A에서 조인 버퍼가 가득 찰 때까지 데이터를 채운다. 그림 4-7에서는
연두색 사각형으로 표시된 부분이 조인 버퍼를 가득 채우는 데이터다. 조인 버퍼가
가득 채워지면, 테이블 B를 스캔하면서 조인 버퍼에 있는 데이터와 매칭되는지 하
나하나 체크한다. 그러고서 매칭되면 조인 결과로 내보낸다.

조인 버퍼 안의 모든 데이터를 비교하는 과정이 끝나면 조인 버퍼를 비우고 다시
앞선 과정을 수행한다. 그림에서는 노란색 사각형 부분에 해당한다.

이러한 과정은 조인 버퍼를 더 이상 채울 수 없는 시점, 즉 테이블 A 조건에 해당하
는 데이터를 모두 처리할 때까지 반복 수행한다. 여기서 테이블 B를 스캔하는 횟수
는 조인 버퍼에 데이터가 적재되는 횟수와 동일하다. 그리고 테이블 B의 데이터를
스캔할 때에는 Full table scan, Full index scan, Range index scan 등으로 데
이터에 접근한다.

## ■ Block Hash Join

Block Hash Join은 MariaDB 5.3 버전부터 제공하는 새로운 조인 알고리즘으로, 테이블 간 조인을 동등 비교할 때 사용한다. 다른 조인 알고리즘과 마찬가지로 Block Hash Join에서 역시 조인 버퍼를 사용하여 테이블 간 연관성을 체크하는데, 조인 버퍼를 사용하는 방식은 약간 다르다.

**그림 4-8** Block Hash Join의 데이터 처리

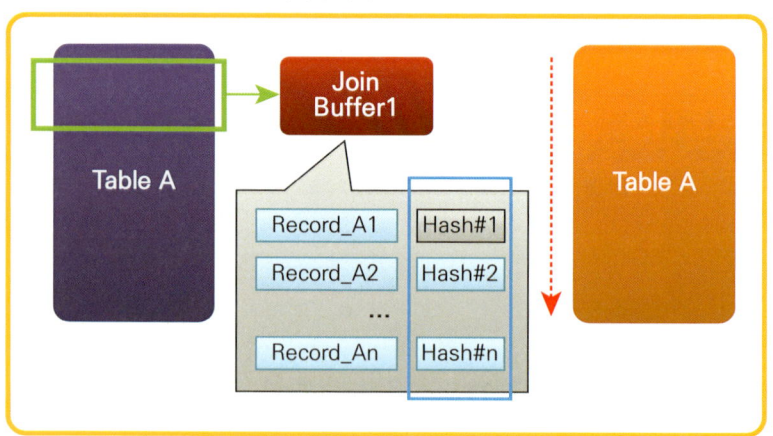

먼저 테이블 A에서 조인할 데이터를 조인 버퍼에 넣되, 별도로 생성한 해시값을 내부적으로 같이 넣는다. 그런 다음 테이블 B의 데이터를 풀 스캔(혹은 풀 인덱스 스캔)으로 순차적으로 읽으면서, 조인 맵핑 여부를 체크하고 최종적으로 조인 데이터를 생성한다. 즉, Nested Loop 조인 방식은 데이터에 순차적으로 접근해야 하는 기존 방식과 큰 차이가 있다.

조인 버퍼에 별도로 해시값을 추가 저장하기 때문에, 기존 Block Nested Loop 방식보다는 조인 버퍼에 저장되는 데이터 양이 적다. 하지만 테이블 A가 작을수록, 혹은 조인 버퍼에 저장되는 데이터의 가짓수가 적을수록 상당한 성능을 발휘한다. 테이블 A에 해당하는 데이터가 조인 버퍼에 충분히 들어갈 만한 정도라면, 테이블 B 풀

스캔을 단 한 번 하는 것만으로도 조인이 효과적으로 이루어질 수 있기 때문이다.

### ■ Batched Key Access Join

기존의 'Block Nested Join'에서는 대용량 테이블과 조인할 경우 성능이 크게 떨어졌다. 테이블 조인 시 Random Access가 발생하기 때문인데, 차선책으로 인덱스를 생성해 해결할 수는 있지만 완벽한 대안은 아니다. 이럴 때 사용하는 것이 바로 'Batched Key Access Join'이다.

Batched Key Access Join은 Random Access를 최대한 줄이기 위해 고안된 알고리즘으로, 조인 대상인 데이터를 '예측'함과 동시에 디스크에 저장된 순서대로 데이터를 가져와서 '디스크 접근 효율'을 최대로 늘렸다.

그림 4-9 Batched Key Access Join의 데이터 처리

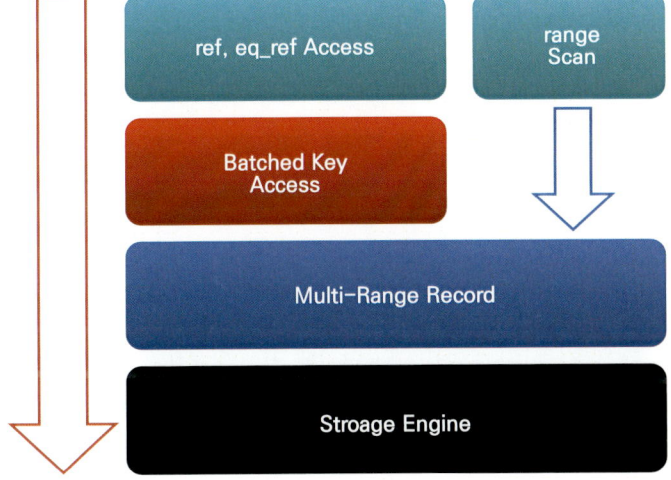

Batched Key Access Join의 기본적인 동작은 다음과 같다.

① 다른 Block Based Join 알고리즘처럼, Batched Key Access Join도 첫 번째

피연산자의 레코드 값을 조인 버퍼에 채운다.

② 조인 버퍼가 채워지면 조인 버퍼 안에 있는 레코드와 매칭될 수 있는 값을 조인 테이블에서 '미리' 찾아낸다.

**그림 4-10** Multi-Record Read의 동작

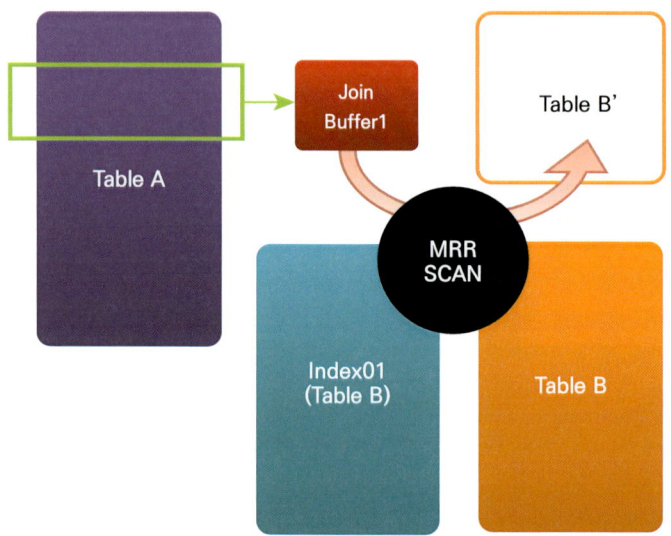

③ 조인 버퍼 안에 있는 레코드와 매칭될 수 있는 값을 미리 찾아내기 위해서 Multi-Record Read 인터페이스를 호출한다. Multi-Record Read는 조인 버퍼 안의 모든 레코드로 구성된 키 값들로, 테이블 B와 연관된 인덱스 룩업을 수행하고 테이블 B의 레코드를 빠르게 가져오기 위해 Rowid 순으로 데이터를 검색한다. 그리고 조인 버퍼의 레코드와 '미리 가져온' 테이블의 데이터를 비교하여 조인 조건이 맞는지를 체크하고, 최종적으로 결과값을 만들어낸다.

### 4.1.3 정리

이 역시 새롭게 제공된 기능이다. 그래서 아직 예기치 못한 버그가 발생할 수도 있

4장 MariaDB에서 개선된 기능들

다. MariaDB와 MySQL은 그동안 단순 데이터 처리나 작은 셋의 데이터만 처리하는 DB로 인식되었지만, 조금씩 다양한 데이터 처리 기법 및 조인 알고리즘을 구현하고 있다. 앞으로도 새로운 버전이 나옴에 따라 상용 DBMS에 뒤지지 않는 기능들이 포함될 것으로 기대된다.

## 4.2 XtraDB Buffer Pool Warm-Up

DB의 재시작 문제는 MySQL을 사용할 때 늘 문제가 되는 부분이다. InnoDB(XtraDB)가 본연의 성능을 발휘하려면 적어도 서비스에 필요한 데이터(Working Set)가 InnoDB 버퍼 풀 안에 적재되어 있어야 한다. 그렇지 않으면 데이터를 버퍼 풀에 올리기 위해 디스크와의 통신이 필요하게 될 것이고, 결과적으로 Disk I/O Wait으로 인해 성능이 크게 저하되고 만다.

문제는 버퍼 풀이 메모리인만큼, DB가 재구동되면 버퍼 풀 안에 존재하는 모든 내용이 사라져서 데이터가 전혀 없는 상태가 된다는 점이다. 이 상태에서는 필요한 데이터를 버퍼 풀에 올리기 위해 매번 디스크와 통신하게 되는데, 이 순간 퍼포먼스는 현저하게 떨어진다. 게다가 데이터 파일을 OS의 캐시 메모리를 거치지 않고 디스크에서 직접 읽는 O_Direct 모드로 동작할 때, DB 재시작 이후 서비스가 구동하는 데 필요한 데이터가 버퍼 풀에 어느 정도 적재되는 시간 동안 DB 성능이 떨어지게 된다.

이러한 문제를 해결하기 위해서 DB를 재시작한 후 강제로 풀 스캔 쿼리를 실행하여 버퍼 풀에 데이터를 적재하기도 했으나, 실제로 DB 재시작 직전의 메모리에 남아 있는 데이터와는 상당한 차이가 있기 때문에 효율이 떨어진다. 이런 문제를 해결하기 위해서 MariaDB에서는 'InnoDB Buffer Pool Warm-up' 기능을 제공한다. 이번 섹션에서는 이 기능에 대해서 알아보자.

### 4.2.1 XtraDB Buffer Pool Warm-Up 사용 방법

InnoDB 버퍼 풀에는 인덱스를 포함하여 자주 사용되는 데이터의 블록이 메모리에 올라간다. 한 번 버퍼 풀에 적재된 내용은, 그 이후 동일한 내용을 읽어야 할 경우 디스크를 거치지 않고 바로 버퍼 풀에서 데이터를 가져와 처리한다. 즉, 버퍼 풀에 데이터가 많이 적재될수록 Disk I/O가 줄어들게 되고, 결과적으로 DB 본연의 성능이 발휘되는 것이다.

그림 4-11 XtraDB Buffer Pool Warm-Up

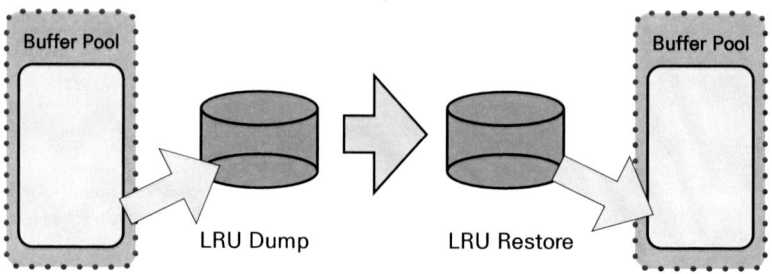

DB를 재시작한 이후에도 서비스 상태 그대로 버퍼 풀을 유지하여, 별도의 Warm-up 타임 없이도 DB 퍼포먼스를 재시작 이전과 같은 형태로 유지할 수 있다. 관련 기능은 다음 두 단계를 거쳐서 이루어진다(이때 Warm-Up이란, 정상적인 속도로 서비스를 제공할 수 있는 상태가 되도록 버퍼 풀에 데이터를 적재하는 과정을 의미한다).

• LRU Dump
• LRU Restore

여기서 잠깐_ LRU<sup>Least Recently Used</sup>

LRU는 "최근에 최소로 사용했음"을 의미하며, 메모리 바깥으로 내보낼 페이지를 선정할 때 가장 덜 사용한 페이지를 고르는 알고리즘이다. InnoDB에서는 이 규칙을 버퍼 풀 내부 데이터를 유지하는 알고리즘으로 사용한다.

① LRU Dump

MariaDB에서는 현재 InnoDB에 적재된 버퍼 풀에 대한 정보를 다음과 같은 명령어를 통해 디스크에 저장할 수 있다.

```
SELECT * FROM INFORMATION_SCHEMA.XTRADB_ADMIN_COMMAND /*!XTRA_LRU_DUMP*/;
```

DB Shutdown 직전에 위의 명령어를 수행하여 버퍼 풀의 현재 상태를 디스크에 기록한다. 이 작업은 그리 오래 걸리지 않으며 수초 내에 마무리된다.

② LRU Restore

정상적으로 재시작한 DB를 다시 서비스에 투입하려면 기존의 InnoDB 버퍼 풀 상태로 돌려놓아야 한다. DB가 구동되면 다음과 같은 명령을 통해 버퍼 풀을 DB 재시작 이전 상태로 돌려놓는다.

```
SELECT * FROM INFORMATION_SCHEMA.XTRADB_ADMIN_COMMAND /*!XTRA_LRU_RESTORE*/;
```

소요 시간은 디스크의 성능과 버퍼 풀의 크기에 따라 다른데, 버퍼 풀에 적재해야 할 데이터를 디스크상에 있는 파일에서 직접 읽어야 하기 때문에 그렇다. 만약 버퍼 풀이 20G로 설정되어 있었다면, 20G에 육박하는 데이터를 디스크에서 읽어와야 한다.

## 4.2.2 버퍼 풀 Warm-Up 소요 시간

DB 작업을 할 때 막연히 시간이 오래 걸린다고만 한다면 작업 시간을 책정하기 어렵다. 정확하지는 않더라도 어떤 상황에서 시간이 어느 정도 소요되는지 대략적으로나마 알아두면 작업 시간을 산정하는 데 큰 도움이 될 것이다. 표 4-1은 SSD와 일반 디스크의 버퍼 풀 Warm-Up 소요 시간을 비교하여 보여준다.

**표 4-1** 버퍼 풀 Warm-Up 소요 시간

| 디스크 배열 | 버퍼풀 사이즈 | 소요 시간 |
|---|---|---|
| SSD | 24G | 56초 |
| Raid1+0 | 24G | 8분 45초 |

물론 이 표에서 사용한 데이터가 모든 시스템에서 동일하지는 않고, 디스크 배열 또는 디스크 종류에 따라 소요 시간이 달라진다. 그러나 서비스 점검 시 버퍼 풀 Warm-Up까지 어느 정도 시간이 필요할지 대략 예측할 수 있는 기초 자료 정도로 는 참고할만할 것이다.

### 4.2.3 정리

MariaDB에서 Buffer Pool Warm-up 기능을 사용하면, DB 서버를 불가피하게 재시작하더라도 별 어려움 없이 서비스 운영 상태로 되돌려놓을 수 있다. 이는 필 자가 MariaDB를 사용하면서 느꼈던 가장 매력적인 기능으로, DB 운영 부담을 크 게 줄여주는 Top 3 기능 중 하나라고 생각한다.

## 4.3 Virtural Column

테이블은 칼럼으로 이루어져 있는데, 칼럼은 테이블에 정보를 저장하는 최소한의 조각이다. 일반적으로 사용자가 직접, 칼럼에 명시적으로 데이터를 넣는다. 물론 트리거를 통해 칼럼을 자동으로 채울 수 있지만, 이러한 방법은 테이블 스키마 본 연의 기능이라기보다 트리거의 속성으로 구현하는 방법이다.

'Virtual Column'은 MariaDB에서 제공하는 기본 칼럼으로, 이번 섹션에서는 이 Virtual Column에 대해 알아볼 것이다.

### 4.3.1 Virtual Column이란 무엇인가?

Virtual Column은 사용자가 생성한 데이터를 근간으로 자동 계산되어 저장되는 칼럼을 의미한다. 즉, 칼럼 A와 칼럼 B가 있는 상태에서 가상 칼럼을 '칼럼 A + 칼럼 B'로 지정했을 때, 애플리케이션이나 쿼리 레벨에서 별도로 계산할 필요 없이, 칼럼 A와 칼럼 B에 데이터를 넣는 순간 즉시 가상 칼럼에도 해당 값들이 반영된다. 이것은 MariaDB 5.2 버전부터 새롭게 추가된 기능으로, 필자가 가장 마음에 들어 하는 기능 중 하나다. 그림 4-12는 Virtual Column의 동작 모습을 그림으로 나타낸 것이다.

**그림 4-12** Virtual Column의 동작

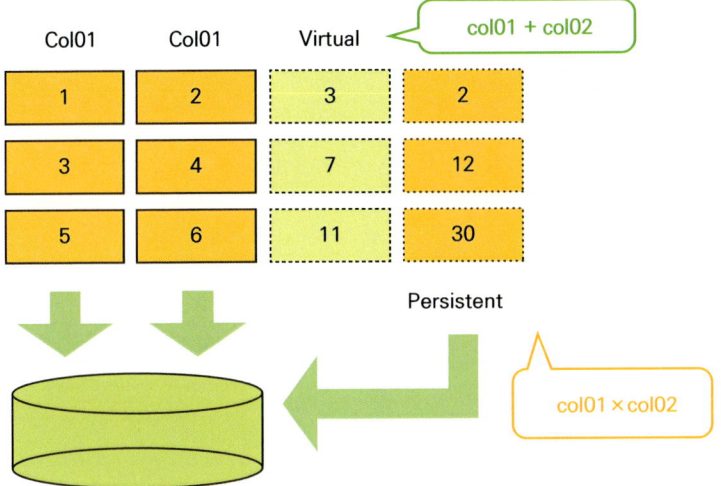

Virtual Column의 타입은 'Persistent Type'과 'Virtual Type'으로 분류된다.

① Persistent Type

- 데이터 변경 시 자동으로 계산된 결과가 물리적 장치(메모리, 디스크)에 기록됨.
- 실제 크기만큼 저장 공간을 사용하며 인덱스 추가 기능이 있음.

② Virtual Type

- 실제 디스크에는 기록되지 않는 논리적인 칼럼

- SELECT 시점에 자동으로 계산되어 사용자에게 보여줌.
- Virtual Column에 인덱스를 추가할 수 없음.

Persisent 타입은 데이터가 기록되며 저장 장치에 저장되기 때문에 공간을 사용하게 되지만, 실제로 데이터를 조회하는 경우에는 CPU 연산을 수행하지 않는다. 이미 저장 장소에 데이터가 있기 때문에 연산 없이 단순히 데이터를 읽기만 하면 되는 것이다. 이와 달리 Virtual 타입은 저장 공간을 할당하지 않아도 되며 Insert 시아무런 부담이 없는 데 반해, Select 시에는 CPU 연산이 반드시 필요하다는 차이가 있다. SELECT하는 순간 Virtual Column에서 정의한 논리적인 연산을 각 레코드 별로 수행해야 하기 때문이다.

Virtual Column의 타입에 관해 대략 이해했다면, 이제 이것을 어떻게 사용하는지 알아보자.

## 4.3.2 Virtual Column 타입 사용 방법

① Persistent Type

테스트를 위해 다음과 같이 테이블을 생성한다. 이 테이블은 칼럼 숫자에 맵핑되는 md5 값을 Persistent 타입으로 저장한 것이다.

```
## 테이블 생성
MariaDB [test]> create table tb_persistent(
    ->   col01 int not null,
    ->   col02 int not null,
    ->   v_col01 char(32) as (md5(col01)) persistent,
    ->   v_col02 char(32) as (md5(col02)) persistent
    -> );

## 데이터 Insert
MariaDB [test]> insert into tb_persistent (col01, col02) values (1,2);
```

4장 MariaDB에서 개선된 기능들

위에서 테스트로 insert했던 데이터를 조회해보자.

```
MariaDB [test]> select * from tb_persistent;
+-------+-------+----------------------------------+----------------------------------+
| col01 | col02 | v_col01                          | v_col02                          |
+-------+-------+----------------------------------+----------------------------------+
|     1 |     2 | c4ca4238a0b923820dcc509a6f75849b | c81e728d9d4c2f636f067f89cc14862c |
+-------+-------+----------------------------------+----------------------------------+
```

v_col01, v_col02 칼럼에는 데이터를 넣지 않았는데도 md5 값이 저장되어 있는 것을 확인할 수 있다. 그렇다면 v_col01과 v_col02 칼럼에 명시적으로 데이터를 넣는 경우는 어떻게 될까? 테스트하기 전에 'warning'을 'enable'하여 쿼리 도중 발생하는 경고 메시지를 바로 확인할 수 있도록 설정해두도록 한다.

```
MariaDB [test]> warning;
Show warnings enabled.
```

이제 다음과 같이 각 칼럼에 명시적으로 데이터를 Insert하자.

```
## 데이터 Insert
MariaDB [test]> insert into tb_persistent
    -> (col01, col02, v_col01, v_col02)
    -> values
    -> (3,4, 'this is test!', 'this is also test!');
Query OK, 1 row affected, 2 warnings (0.00 sec)

Warning (Code 1906): The value specified for computed column 'v_col01' in table
'tb_persistent' ignored
```

```
Warning (Code 1906): The value specified for computed column 'v_col02' in table
'tb_persistent' ignored
```

'Warning'이 두 개 뜬다. 이는 Virtual Column이기 때문에 위에서 저장할 스트링은 무시된다는 내용이다. 데이터를 조회해보면 역시나 앞서 v_col01과 v_col02에 저장하려고 했던 스트링은 사라지고, col01과 col02의 md5 값이 각각 저장되어 있음을 확인할 수 있다.

```
MariaDB [test]> select * from tb_persistent;
+-------+-------+----------------------------------+----------------------------------+
| col01 | col02 | v_col01                          | v_col02                          |
+-------+-------+----------------------------------+----------------------------------+
|     1 |     2 | c4ca4238a0b923820dcc509a6f75849b | c81e728d9d4c2f636f067f89cc14862c |
|     3 |     4 | eccbc87e4b5ce2fe28308fd9f2a7baf3 | a87ff679a2f3e71d9181a67b7542122c |
+-------+-------+----------------------------------+----------------------------------+
```

② Virtual Type

Virtual Column의 마지막 선언부만 virtual로 변경되었을 뿐, Persistent Type과 테이블 생성 구문은 동일하다. 다음과 같이 테이블을 생성하고 테스트를 위해 데이터를 한 건 넣어보자.

```
## 테이블 생성
MariaDB [test]> create table tb_virtual(
    ->  col01 int not null,
    ->  col02 int not null,
    ->  v_col01 char(32) as (md5(col01)) virtual,
    ->  v_col02 char(32) as (md5(col02)) virtual
    -> );
```

## 데이터 Insert

```
MariaDB [test]> insert into tb_virtual (col01, col02) values (1,2);
```

이제 위에서 테스트로 insert했던 데이터를 조회해보자.

```
MariaDB [test]> select * from tb_virtual;
+-------+-------+----------------------------------+----------------------------------+
| col01 | col02 | v_col01                          | v_col02                          |
+-------+-------+----------------------------------+----------------------------------+
|     1 |     2 | c4ca4238a0b923820dcc509a6f75849b | c81e728d9d4c2f636f067f89cc14862c |
+-------+-------+----------------------------------+----------------------------------+
```

역시나 md5 값이 자동으로 저장되어 있음을 확인할 수 있다.

### 4.3.3 Compare Size

앞에서 Persisent Type은 디스크와 메모리 공간을 실제로 차지한다고 했는데, 위에서 생성한 테이블에 천만 건의 데이터를 넣어 각 파일의 사이즈를 비교해보자.

테스트에 앞서 각 테이블을 Truncate로 초기화한다. 아무 데이터가 없는 상태에서 두 테이블을 시작함으로써 더욱 정확하게 비교하기 위함이다.

```
MariaDB [test]> truncate table tb_persistent;
Query OK, 0 rows affected (0.01 sec)

MariaDB [test]> truncate table tb_virtual;
Query OK, 0 rows affected (0.01 sec)
```

tb_ persistent에 데이터 천만 건을 다음과 같이 넣는다. 20번째 쿼리는 13.48초 정도 소요된다.

```
## 1회 실행
MariaDB [test]> insert into tb_persistent (col01, col02)
    -> values (rand()*10000000, rand()*10000000);

## 20회 실행
MariaDB [test]> insert into tb_persistent (col01, col02)
    -> select rand()*10000000, rand()*10000000 from tb_persistent;
..
MariaDB [test]> insert into tb_persistent (col01, col02)
    -> select rand()*10000000, rand()*10000000 from tb_persistent;
Query OK, 524288 rows affected (13.48 sec)
```

이번에는 tb_virtual 테이블에 데이터 천만 건을 넣어보자. 20번째 쿼리는 8.56초 정도 소요되며 Persistent Type의 테이블보다 빠르게 처리되었다.

```
## 1회 실행
MariaDB [test]> insert into tb_virtual (col01, col02)
    -> values (rand()*10000000, rand()*10000000);

## 20회 실행
MariaDB [test]> insert into tb_virtual (col01, col02)
    -> select rand()*10000000, rand()*10000000 from tb_virtual;
..
MariaDB [test]> insert into tb_virtual (col01, col02)
    -> select rand()*10000000, rand()*10000000 from tb_virtual;
Query OK, 524288 rows affected (8.56 sec)
```

4장 MariaDB에서 개선된 기능들

실제 생성된 데이터 파일을 비교해보면 Persistent Type으로 생성된 테이블의 크기가 확연히 크다는 것을 알 수 있다. 정수형 데이터를 기반으로 스트링 데이터를 자동 생성하도록 만들었으니, 결과가 명확하게 나타나는 것은 어찌 보면 당연하다. 다음은 생성한 파일의 크기다.

```
-rw-rw----. 1 mysql mysql      8692 2013-10-20 12:30 tb_persistent.frm
-rw-rw----. 1 mysql mysql 121634816 2013-10-20 13:10 tb_persistent.ibd
-rw-rw----. 1 mysql mysql      8692 2013-10-20 13:02 tb_virtual.frm
-rw-rw----. 1 mysql mysql  46137344 2013-10-20 13:12 tb_virtual.ibd
```

## 4.3.4 Virtual Colum에서 인덱스 생성

persistent Type으로 생성한 Virtual Column에는 인덱스를 추가할 수 있다. 앞서 생성했던 tb_persistent 테이블의 Virtual Column에 인덱스를 생성해보자.

```
MariaDB [test]> alter table tb_persistent add key(v_col01), add key(v_col02);
Query OK, 1048576 rows affected (58.30 sec)
Records: 1048576  Duplicates: 0  Warnings: 0

MariaDB [test]> show create table tb_persistent\G
*************************** 1. row ***************************
       Table: tb_persistent
Create Table: CREATE TABLE `tb_persistent` (
  `col01` int(11) NOT NULL,
  `col02` int(11) NOT NULL,
  `v_col01` char(32) AS (md5(col01)) PERSISTENT,
  `v_col02` char(32) AS (md5(col02)) PERSISTENT,
  KEY `v_col01` (`v_col01`),
  KEY `v_col02` (`v_col02`)
) ENGINE=InnoDB DEFAULT CHARSET=utf8
```

```
1 row in set (0.00 sec)
```

인덱스가 Virtual Type에 생성되었고, 쿼리를 실행하면 인덱스를 정상적으로 잘 활용한다.

```
MariaDB [test]> explain
   -> select * from tb_persistent where v_col01 like 'a87ff679a2f3e71d9181%'\G
*************************** 1. row ***************************
          id: 1
 select_type: SIMPLE
       table: tb_persistent
        type: range
possible_keys: v_col01
         key: v_col01
     key_len: 97
         ref: NULL
        rows: 1
       Extra: Using index condition
```

### 4.3.5 인덱스 추가에 따른 효과

그렇다면 Persistent Type의 Virtual Column에 인덱스를 추가할 수 있다는 것은 어떤 의미일까? 칼럼에 저장되는 데이터를 가공하려면, 그동안은 애플리케이션 레벨에서 값을 계산하거나 트리거를 활용하여 데이터를 저장해야만 했었다. 그러나 두 가지 방법 모두 잠재적인 오류 발생의 위험이 있고 비효율적인 면도 있다.

애플리케이션 서버에서 데이터를 계산해 칼럼에 넣는 방식은 데이터를 쉽게 처리할 수 있다는 점에서는 좋은 접근 방법이다. 그러나 저장된 데이터에 대한 정의가 애플리케이션 코드상에 있었기 때문에, 명시적으로 어떤 값이 저장되어 있는지는 직관적으로 알 수 없다. 그리고 애플리케이션을 개발할 때 관련 로직을 누락하면 일부 데이터 값이 정상적으로 갱신되지 않을 수도 있다.

트리거란 데이터 변경(Insert/Update/Delete) 요청이 발생하면 자동으로 실행되는 작업을 의미한다. 칼럼 저장에 트리거를 활용하면, 애플리케이션에서 놓칠 수 있는 오류를 최소화할 수 있다. 데이터 변경에 관련된 이벤트가 발생하면 즉시 트리거가 동작하며 데이터를 변경하기 때문이다. 그러나 MySQL에서는 칼럼 레벨이 아닌 행 단위의 이벤트만을 감지할 수 있다. 즉, 특정 칼럼의 업데이트는 감지할 수 없고 행에 대한 데이터 변화 여부만을 감지할 수 있다. 만약 트리거와 연관 없는 칼럼 데이터가 자주 업데이트되면 행에 포함되어 있는 칼럼이기 때문에 매번 트리거가 발생된다. 동일한 이벤트 속성의 트리거(특정 테이블의 Insert 이벤트에 상응하는 트리거)는 두 개 이상 중복 생성할 수 없으므로 트리거를 생성할 때는 심사숙고해야 한다.

Persistent Type에 인덱스를 걸 수 있다는 것은, 대체 칼럼을 자동으로 만들어 그 칼럼에 걸린 인덱스를 통해 데이터에 빠르게 접근할 수 있다는 것을 의미한다. 복잡한 애플리케이션 구현이나 별도의 트리거 생성 없이, 오로지 테이블 레벨에서 스키마를 정의함으로써 개발 편의성 및 관리 효율성이라는 두 마리 토끼를 한꺼번에 잡을 수 있다.

### 4.3.6 정리

MariaDB 5.2 버전부터 새롭게 포함된 Virtual Column을 잘 활용하면 관리 및 사용 편의성이 대폭 향상된다. 또한 테이블에 있는 데이터를 직관적으로 알 수 있고 추가 개발 또는 관리 이슈에서 발생하는 비효율도 최소화할 수 있다. 이러한 Virtual Column을 사용하기 전에는 반드시 알아두어야 할 사항이 있다. 다음을 인지하고 생성하기 바란다.

① Persistent Type은 인덱스를 추가할 수 있으나, 물리적인 데이터 공간을 소모하며 데이터를 변경하면서 자동으로 계산되어 칼럼에 저장된다.

② Virtual Type은 물리적인 공간은 사용하지 않으나, 조회 시점에서 칼럼 값을 계산하여 보여주며 인덱스를 구성할 수 없다.

# 5 | MariaDB의 NoSQL Plugin - HandlerSocket

MariaDB는 MySQL을 기본 골격으로 하되, 다양한 스토리지 엔진과 플러그인이
추가되어 제공된다. 그중 NoSQL에 관한 항목도 중요한 요소로 구현되었는데 5장
에서는 이 중 하나인 HandlerSocket에 대해 알아보고 MySQL 5.6 버전의 New
Feature인 Memcached Plugin과 비교해볼 것이다.

## 5.1 HandlerSocket 개념과 동작 원리

SQL은 확장성이 뛰어나며 문법만 알아두면 복잡한 요구사항을 다양하게 처리할
수 있다는 점에서 강력하다. 내부적으로 SQL은 '파서$^{Parser}$'가 문법을 분석하고 옵
티마이저$^{Optimizer}$가 데이터 분포도를 고려해 데이터 추출을 위한 최적의 실행 계획
을 생성하여 데이터에 신속히 접근한다. 사용자가 전체적인 데이터 분포도 및 인덱
스 구조를 알지 못한다고 하더라도, 옵티마이저가 쿼리를 분석 및 판단함으로써 현
재 통계 정보 기준으로 가장 최적화된 인덱스를 사용하여 데이터를 빠르게 추출하
는 것이다.

그러나 단순한 데이터를 처리할 경우, 이를테면 Primary Key로만 데이터에 접근
하는 단순한 쿼리라면 다양한 요구 사항을 처리하기 위해 필요한 일련의 작업이 오
히려 오버헤드가 될 수 있다. MariaDB는 InnoDB 스토리지 엔진으로의 데이터
접근을 마치 NoSQL처럼 〈Key, Value〉형식으로 처리할 수 있는 HandlerSocket
기능을 제공한다. 이제부터 HandlerSocket에 대해 자세히 알아보자.

### 5.1.1 HandlerSocket란 무엇인가

HandlerSocket은 '요시노리 마츠노부'[01]가 DeNA[02]에 재직할 당시 개발한 MySQL 플러그인으로, SQL 문의 파싱$^{Parsing}$/옵티마이즈$^{Optimze}$ 단계를 없애고 Handler API를 직접 호출하여 InnoDB로부터 데이터를 가져오는 방식으로 동작한다. Handler API는 스토리지 엔진에 직접 접근하여 데이터를 추출하는 통로 역할을 하며, 'MyISAM'와 'InnoDB'에서 동작한다.

그림 5-1 HandlerSocket 동작 구조

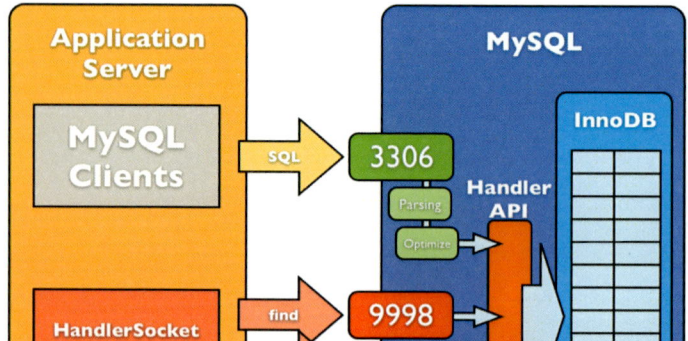

그림 5-1은 복잡해 보이지만 내용 자체는 간단하다. HandlerSocket을 이용한 데이터 추출은 9998 포트를 통해 이루어지며, Handler API를 직접 호출하여 InnoDB 스토리지 엔진에서 데이터를 가져온다. 데이터 변경 역시 9999 포트를 통해 Handler API를 호출하면서 동작한다.

SQL에서 발생하는 파싱이나 옵티마이즈와 같은 일련의 작업이 생략되기 때문에, 데이터 처리 속도가 더욱 빨라진 것이다. 요시노리가 예전에 게시한 HandlerSocket

---

01  요시노리 마츠노부 블로그: http://yoshinorimatsunobu.blogspot.kr/
02  http://dena.com/intl/

관련 블로그를 읽어보면 많은 도움이 될 것이다.

## 5.1.2 SQL vs HandlerSocket

이제부터 SQL 기반의 데이터 처리와 HandlerSocket을 통한 데이터 처리 방식에 관한 차이를 조금 더 상세하게 살펴보자. 표 5-1은 이 둘의 차이점을 비교한 것이다.

**표 5-1** SQL 기반의 데이터 처리와 HandlerSocket을 통한 데이터 처리 방식의 차이점

|  | SQL | HandlerSocket |
|---|---|---|
| 데이터 접근 | ANSI 표준 SQL문법<br>(Open Table, Parse, Optimize 필요) | InnoDB스토리지 엔진과 직접적으로 통신 |
| Binary Log | Statement / Row 모두 가능 | Row형태로만 가능 |
| Session | 클라이언트가 필요한 세션을 생성하여 연결 | HandlerSocket 전용 Thread가 미리 떠서 커넥션 풀 형태로 동작 |
| 특징 | 복잡한 요구 사항 SQL로 구현 가능 | 단순한 형태로만 데이터 접근 가능<br>(order by, group by, max.. 불가) |
| 통계 정보 | MySQL All | SERVER 엔진에서 처리되는 Static 정보는 수집 불가 |
| 다중 인덱스 | 사용 가능 | 사용 가능 |

당연한 이야기겠지만, HandlerSocket의 통계 정보는 무의미하다. 기본적으로 이미 정해진 경로PK lookup를 통해서 데이터에 접근하기 때문에 데이터 분포에 대한 통계 정보를 굳이 확인할 필요가 없는 것이다.

## 5.1.3 MariaDB에서 HandlerSocket 사용하기

간단히 플러그인을 설치하면 MariaDB에서 HandlerSocket을 사용할 수 있다. 플러그인을 설치하기에 전에 다음과 같이 my.cnf의 [mysqld] 항목에 HandlerSocket 관련 파라미터를 추가한다.

```
$ vi /etc/my.cnf
loose_handlersocket_port=9998
loose_handlersocket_port_wr=9999
```

앞에 loose를 붙인 이유는 HandlerSocket 플러그인이 로드되지 않을 시 관련 파
라미터 정보를 무시하기 위해서다. 설정 파일에 파라미터 추가가 완료되었다면, 관
리자 계정으로 DB에 접속하여 다음과 같이 플러그인을 설치한다.

```
maridb> INSTALL PLUGIN handlersocket SONAME 'handlersocket.so';
```

플러그인을 설치한 다음에 DB를 재시작하고 'SHOW PROCESSLIST' 명령을 실
행하면, HandlerSocket 스레드가 동작 중인 것을 확인할 수 있다. 기본적으로
Read 스레드는 16개, Write 스레드는 1개로 구동한다.

```
+----+-------------+-----------------+--------------+---------+------+-------------------------------------------+------+----------+
| Id | User        | Host            | db           | Command | Time | State                                     | Info | Progress |
+----+-------------+-----------------+--------------+---------+------+-------------------------------------------+------+----------+
|  1 | system user | connection host | NULL         | Connect | NULL | handlersocket: mode=rd, 0 conns, 0 active | NULL |    0.000 |
|  2 | system user | connection host | NULL         | Connect | NULL | handlersocket: mode=rd, 0 conns, 0 active | NULL |    0.000 |
                                                      …중략…
| 14 | system user | connection host | handlersocket| Connect | NULL | handlersocket: mode=wr, 0 conns, 0 active | NULL |    0.000 |
+----+-------------+-----------------+--------------+---------+------+-------------------------------------------+------+----------+
```

앞서 설정한 HandlerSocket에서 사용할 포트 9998과 포트 9999가 정상적으로
오픈되었는지 확인하는 방법은 다음과 같다.

```
$ netstat -an | grep -E '9998|9999'
```

```
tcp      0      0 0.0.0.0:9998              0.0.0.0:*                    LISTEN
tcp      0      0 0.0.0.0:9999              0.0.0.0:*                    LISTEN
```

이 단계까지 큰 무리 없이 완료했다면, 이제 HandlerSocket 클라이언트로 데이터에 접근할 수 있는 상태가 된 것이다. 다음 예제는 Java에서 'hs4j'로 데이터를 처리하는 간단한 테스트다. 샘플에 대해서 자세히 알고 싶다면 다음 URL을 참고하기 바란다.

- https://code.google.com/p/hs4j/wiki/GettingStarted

```
// 칼럼 리스트 - userID와 userKey는 Primary Key
String[] fieldList = { "userId", "userKey", "value"};

// Write
hsClientWrite = new HSClientImpl(host, 9999, 1);
IndexSession sessionWritePri = hsClientWrite.openIndexSession(
        "test_db", "test_table", "PRIMARY", fieldList);
ModifyStatement stmt = sessionWritePri.createStatement();
stmt.setString(1, "gywndi");
stmt.setString(2, "0123456");
stmt.setString(3, "This is Test Set Value!");
stmt.insert();

// Read
hsClientRead = new HSClientImpl(host, 9998, 30);
IndexSession sessionReadPri = hsClientRead.openIndexSession(
        "test_db", "test_table", "PRIMARY", fieldList);

ResultSet rs = sessionReadPri.find(
        new String[]{"gywndi"}, FindOperator.EQ, rowCount, 0);
```

```
while(rs.next()){}
  String userID = rs.getString(1);
  String userKey = rs.getString(2);
  String value = rs.getString(3);
}
rs.close();
```

### 5.1.4 HandlerSocket 성능 테스트

앞서 언급했던 요시노리의 블로그를 보면, 메모리 내의 PK Lookup에서는 HandlerSocket이 압도적인 쿼리 퍼포먼스를 보여준다는 것을 알 수 있다. 필자는 '만약 여기서 디스크가 영향을 미친다면 어떤 결과가 나올까' 하는 의문을 가지게 됐고, SSD 디스크로 구성된 DB에서 성능 테스트를 진행해보기로 했다. SSD 디스크에 데이터는 60G, InnoDB의 버퍼 풀은 20G인 환경에서 관련 테스트를 수행했다.

① READ_ONLY 테스트

SELECT 1건과 10건을 각각 3:2로 섞어서 트래픽을 주었다. 테스트 결과는 그림 5-2와 같이 나타났다.

그림 5-2 READ_ONLY 테스트 결과

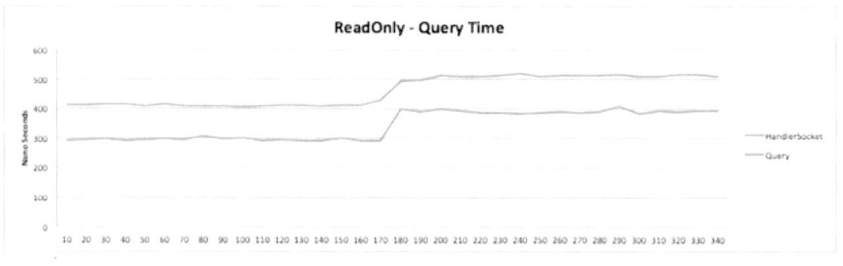

쿼리 당 실행 시간은 HandlerSocket이 우세하다. 300ns와 400ns라는 시간은 어찌 보면 쿼리 성능 자체에서는 차이가 거의 없는 것처럼 느껴지지만, 여기에

는 잊지 말아야 할 것이 있다. SSD에 저장된 데이터 크기(60G)가 메모리 버퍼 풀(20G)보다 더 크다는 점이다. 디스크 I/O가 발생하는 상태에서 이러한 차이는, 즉 버퍼 풀에 저장되는 데이터 비율이 높아질수록 HandlerSocket의 압도적인 성능 우세를 보여주는 것임에 두말 할 나위 없다.

② READ + WRITE 테스트
①의 테스트 상태에서 데이터 변경 트래픽을 추가로 발생하여 테스트했다. 트래픽 비율은 다음 표 5-2와 같다.

표 5-2  READ + WRITE 테스트에 사용한 트래픽 비율

| 구분 | 비율 | 비고 |
|------|------|------|
| SELECT 1 | 50% | |
| SELECT 10 | 30% | |
| INSERT 1 | 5% | |
| INSERT 10 | 5% | SQL은 쿼리 하나로 처리 가능하나, HandlerSocket은 10번 루프를 돌려야 가능 |
| UPDATE 1 | 4% | |
| DELETE | 1% | USER_ID 기준으로 Delete하였으며, 50건 이상 |

테스트 결과는 그림 5-3에서 그림 5-6에서와 같이 나타났다.

그림 5-3  READ + WRITE 테스트 결과(COMPLEX_SELECT)

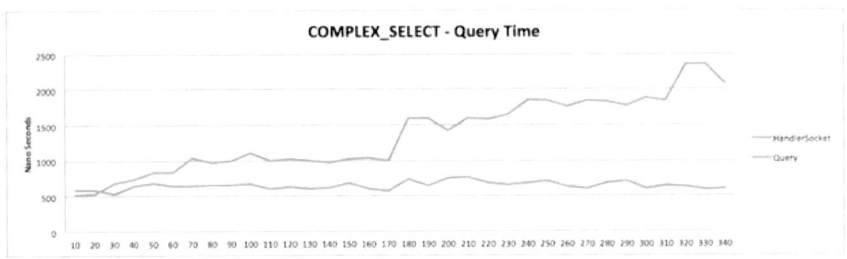

그림 5-4 READ + WRITE 테스트 결과(COMPLEX_INSERT)

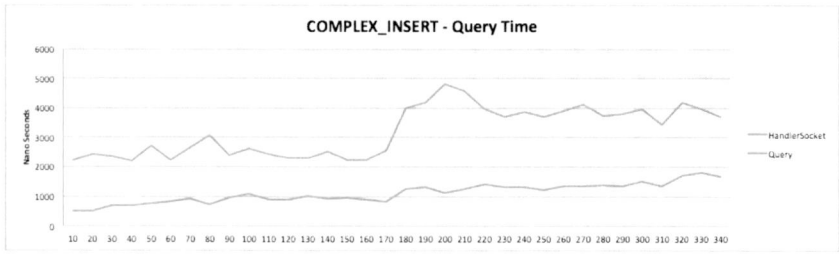

그림 5-5 READ + WRITE 테스트 결과(COMPLEX_UPDATE)

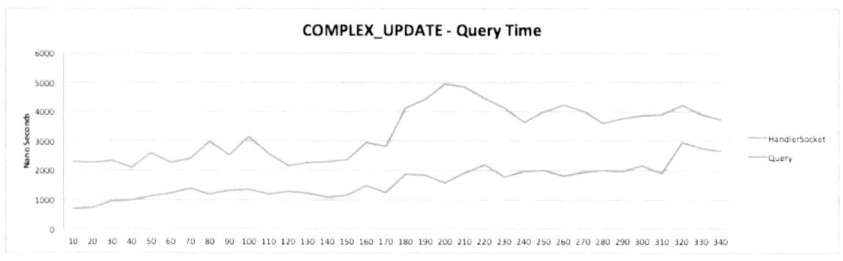

그림 5-6 READ + WRITE 테스트 결과(COMPLEX_DELETE)

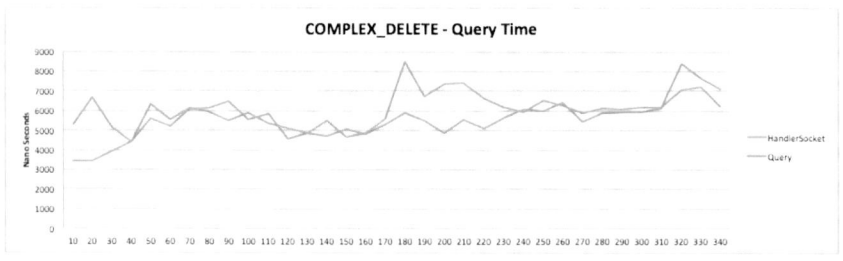

SELECT의 경우 SQL 대비 여전히 좋은 성능을 보여준다. 그러나 Insert/Update/ Delete에서는 좋은 성능을 보이지 않는다. HandlerSocket에서는 Write 스레드 가 한 개로만 동작하기 때문에 그렇다(물론 여러 개로 동작하도록 구성할 수 있으 나 권고하지는 않는다).

### 5.1.5 정리

HandlerSocket은 SQL의 비효율성을 개선함으로써 SELECT에서 강력한 성능을 보여준다. 디스크 관련 성능 저하가 없다면, 요시노리가 언급한 것처럼 초당 75만 쿼리까지 가능할 것으로 보인다. 물론 데이터 크기와 여러 요인에 의해 결과는 변경될 수 있다.

그러나 WRITE에 관한 HandlerSock의 성능은 READ만큼 쿼리 대비 압도적인 차이를 보여주지는 않는다. 이는 HandlerSocket에서 WRITE를 담당하는 스레드를 하나로 동작하도록 설정했기 때문이다(필자가 테스트해본 결과 WRITE 관련 HandlerSocket 스레드를 다수로 늘려도 전체적인 성능은 사실 크게 달라지지 않았다). 또한 다수의 데이터를 동시에 변경 및 Insert하는 경우에는 오히려 SQL이 더욱 좋은 성능을 보여주기도 했다. SELECT 비율이 특히 높은 서비스에서라면 HandlerSocket을 활용해 좋은 성능을 얻을 수 있을 것이다.

## 5.2 HandlerSocket vs Memcached

MariaDB에서 HandlerSocket을 제공한다면, MySQL 5.6버전부터는 Memcached Plugin을 제공한다. 또한 MySQL Cluster에서는 memcached 데몬이 ndb와 직접 통신할 수 있는 API를 제공한다. 이번 섹션에서는 Memcached에 대해 알아보고 성능적인 면에서 HandlerSocket과 비교해볼 것이다.

### 5.2.1 MySQL 5.6 Memcached Plugin

전체적인 동작은 HandlerSocket과 비슷하다. 다른 점은 HandlerSocket은 Handler API를 통해서 데이터를 처리하지만 Memcached Plugin은 InnoDB API를 직접 호출하면서 처리한다는 것이다. 또한 Memcached Plugin은 기존 Memcached로 구현된 애플리케이션에서 소스 수정이 거의 필요 없다. 이미 구현된 코드를 그대로 활용하여 Memcached를 사용하는 코드에서 커넥션 정도만 수정하면 된다.

Memcached Plugin은 별도의 데몬[03]으로 동작하지 않고 MySQL 내부에서 플러그인 형식으로 동작하며, 캐시 레벨도 조정할 수 있다.

**그림 5-7** Memcached Plugin의 구조

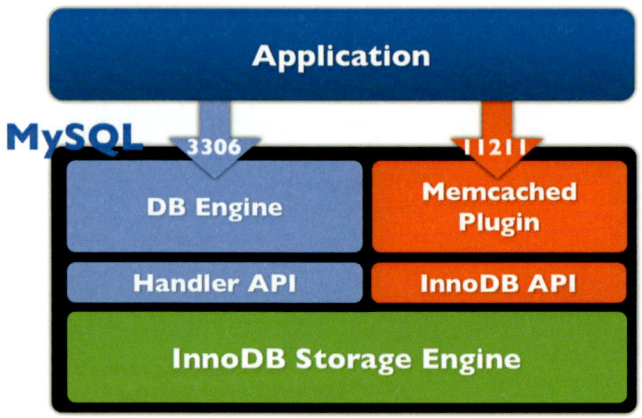

## 5.2.2 Memcached Plugin 설치

my.cnf 설정 파일에 다음과 같이 Memcached Plugin 관련 옵션을 추가한 후 DB를 재시작한다.

```
loose_daemon_memcached_option = '-c1024 -t32 -p11211'
loose_innodb_api_enable_binlog = 1
```

그리고 Memcached에서 사용할 스키마를 생성한다(MySQL 5.6 버전 기준).

```
$ cd /usr/local/mysql
```

---

03  데몬(deamon)은 사용자가 직접적으로 제어하지 않고, 백그라운드에서 돌며 여러 작업을 하는 프로그램을 말한다. [출처: 위키백과(http://ko.wikipedia.org/)]

```
$ mysql -uroot -p < share/innodb_memcached_config.sql
```

스키마를 생성하면 innodb_memcache 데이터베이스 하단에 표 5-3과 같은 테이블이 생성된다.

**표 5-3** Memcached 설정 관련 테이블 설명

| 테이블 명 | 설 명 |
|---|---|
| cache_policies | Cache 레벨에 대한 정책 설정, memcache method에 대한 설정 (set/get/delete/flush 각각 다음 중 설정)<br>• Innodb_only : InnoDB에서만 데이터 처리<br>• cache_only : 캐시에서만 데이터 처리<br>• caching : InnoDB와 Cache모두 사용, GET method는 먼저 Cache 확인 후 데이터가 없으면 InnoDB에서 데이터를 추출<br>• disable : memcache에서 API 비활성 |
| containers | InnoDB 테이블과 Memached 객체와 맵핑 정의 테이블<br>• name : 컨테이너명, 애플리케이션에서 컨테이너를 스위칭하여 다른 테이블로 엑세스 가능<br>• db_schema : 맵핑할 InnoDB 테이블 데이터베이스<br>• db_table : 맵핑 테이블명<br>• key_columns : Memcached에서 Key로 사용할 칼럼, Primary Key 혹은 Unique Key이고, 문자열이어야 함<br>• value_columns : Memcached에서 Value로 사용할 칼럼<br>• cas_column : CAS Value<br>• expire_time_column : 만료 날짜<br>• unique_idx_name_on_key : 유니크한 키명 |
| config_options | 기타 옵션 |

그런 다음 Memcached 플러그인을 설치한다.

```
mysql> install plugin daemon_memcached soname "libmemcached.so";
```

위 과정이 정상적으로 완료되면, MySQL에서 Memcached Plugin을 사용할 수 있다.

### 5.2.3 Memcached Plugin의 제약 사항

지금부터 설명하는 모든 제약 사항은 cache_policies가 "Caching" 상태로 동작하는 경우에 해당되며 innodb_only 정책과는 무관하다는 점을 미리 밝혀둔다.

먼저 Memcached를 캐시 공간과 같이 사용하려면 Memcached에 별도의 캐시 공간을 할당해야 한다. InnoDB 버퍼 풀 외에도 Memcached 캐시 공간을 할당해야 하기 때문에 메모리 효율이 떨어질 수밖에 없다.

또한 마스터/슬레이브로 서버를 구성할 경우, 마스터에서 받아온 데이터가 자동으로 슬레이브의 Memcache 캐시 영역의 데이터를 변경하지 않는다. 물론 InnoDB에는 데이터가 적용되어 있겠지만 Memcache 캐시 공간에는 적용되지 않기 때문에, Cache에서 읽는 경우 마스터와 슬레이브의 데이터가 다르게 보인다. 캐시 내용을 마스터와 동일하게 보여주고자 한다면 InnoDB에서 다시 데이터를 읽어오는 방법밖에 없는데, Memcache에서 데이터를 삭제하는 것이 유일한 방법이다.

캐싱caching 상태에서 get은 Memcahe의 캐시에서 확인한 후 찾는 데이터가 없으면 InnoDB에 접근하여 데이터를 추출하는 형식으로 동작하는데, InnoDB에서 읽은 데이터를 자동으로 캐시와 동기화하지 않는다. 즉, 캐시 영역에 없는 데이터는 별도의 set 동작을 수행하지 않는 한 매번 InnoDB에서 읽어와야 한다는 것을 의미한다.

### 5.2.4 MySQL Cluster와 Memcached 데몬을 연동하는 방법

이번에는 MySQL Cluster와 Memcached를 연동하는 방법에 대해 알아보자. MySQL 5.6 버전의 Plugin과는 달리 MySQL Cluster를 구성하고, 이와의 데이터 연동을 위해 통신하는 Memcached 데몬을 별도로 설치해야 한다. 즉, Memcached 데몬은 반드시 MySQL Cluster에 포함되어 위치하지 않아도 되며, Memcached를 위한 별도의 서버에 데몬을 띄움으로써 아래 그림 5-8과 같이

Memcached 전용 서버로 동작할 수 있다는 의미다.

**그림 5-8** NDB에서 Memcached Plugin 구성

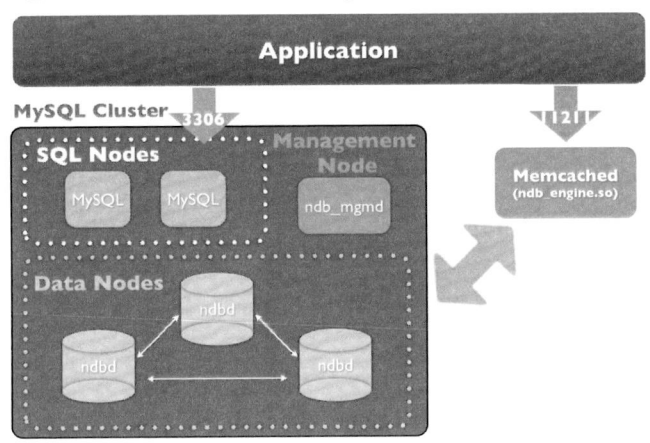

## 여기서 잠깐_ MySQL Cluster

MySQL Cluster는 SQL node, Data node, Management Node라는 세 개의 요소로 나뉜다.

| 구분 | 설 명 |
|---|---|
| Management Node | • 클러스터를 관리하는 노드<br>• 장애 대응, 노드 추가/삭제를 관리<br>• 클러스터의 접속 시 반드시 Management 노드에 접근해 정보를 알아야만 ndb 에 접근하여 데이터 처리 가능 |
| Data Node | • 데이터를 저장하는 ndbd 데몬이 올라가는 노드<br>• 물리적으로 다른 다수 서버에 데이터를 분산 저장<br>• 데이터 복제 설정이나 특정 노드 장애가 발생해도 서비스에 지장 없이 데이터 처리 |
| SQL node | • MySQL데몬이 올라가는 노드<br>• ndb 스토리지 엔진으로 테이블을 생성하면, 데이터는 로컬 영역이 아닌 Data Node에 저장 |

MySQL Cluster 설치 방법에 관한 설명은 생략하겠다. MySQL Cluster를 정상적으로 설치했다면(SQL이 잘 동작하면) SQL node에서는 다음과 같이 Memcached에서 사용할 스키마를 생성한다.

```
$ cd /usr/local/mysql
$ mysql -uroot < /usr/local/mysql/share/memcache-api/ndb_memcache_metadata.sql
```

**표 5-4** Memcached 설정 관련 테이블 설명

| 테이블 명 | 설 명 |
|---|---|
| memcache_<br>server_roles | Memcached 데몬 구동 시 지정할 Role로 기본값은 default_role<br>ex) connectstring=node1:1186;role=ndb-caching |
| cache_policies | Cache 레벨에 대한 정책 설정, memcache 매소드에 대한 설정 (set/get/delete/flush 각각 다음 중 설정)<br>• ndb_only : ndb에서만 데이터 처리<br>• cache_only : 캐시에서만 데이터 처리<br>• caching : ndb와 Cache 모두 사용, GET 매소드는 먼저 Cache 확인 후 데이터가 없으면 ndb에서 데이터를 추출<br>• disable : memcache에서 API 비활성 |
| containers | InnoDB 테이블과 Memached 객체와 맵핑 정의 테이블<br>memcache_server_roles, key_prefixes를 다양하게 조합하여 containers에 포함된 테이블을 다수 사용할 수 있음. |

키에 Prefix를 줘서 다양한 정책을 선택할 수 있도록 관리

| | server_role_id | key_prefix | cluster_id | policy | container |
|---|---|---|---|---|---|
| key_prefixes | 0 | | | ndb-test | demo_table |
| | 0 | b: | | ndb-test | demo_table |
| | 0 | mc: | | memcache-only | NULL |
| | 0 | t: | | ndb-test | demo_table |
| | 1 | | | ndb-test | demo_table |
| | 1 | b: | | ndb-test | demo_table |
| | 1 | t: | | ndb-test | demo_table |
| | 2 | | | memcache-only | NULL |
| | 3 | | | caching | NULL |
| | 3 | b: | | caching | NULL |
| | 3 | t: | | caching | NULL |
| | 4 | | | ndb-test | demo_table |

스키마를 생성했다면 Memcached를 구동한다. mng_node_host는 management node의 호스트 정보를 의미한다.

```
$ /usr/local/mysql/bin/memcached -uroot -E /usr/local/mysql/lib/ndb_engine.so -e
"connectstring=mng_node_host:1186;role=ndb-caching" -t 16 -d -U 0 -p 11211
```

Memcached 데몬을 반드시 MySQL Cluster에 올리지는 않아도 되기 때문에 다양한 방법으로 서버를 구성하는 게 가능하다. 가령 그림 5-9와 같이 MySQL Cluster 내부에 Memcached 데몬을 올려 서버를 구성할 수 있다. MySQL Cluster에서는 SQL node, Data node, Management 노드 중 어떤 것에서든 Memcached 데몬을 올릴 수 있다.

**그림 5-9** Memcached 서버 구성1

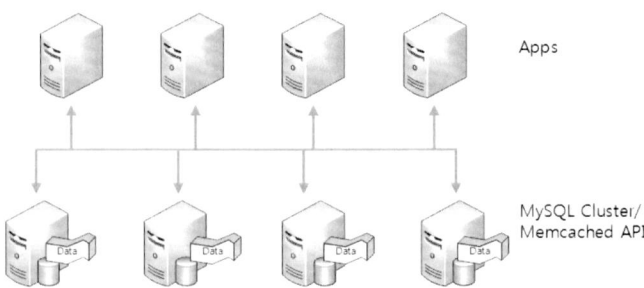

그림 5-10에서처럼, MySQL Cluster가 아니라 애플리케이션 서버에 Memcached 데몬을 올려 동작하는 것도 가능하다. 이 경우 $MYSQL_HOME/lib/ndb_engine.so 파일을 애플리케이션 서버에 복사하여 Memcached 데몬을 동작하면 된다.

**그림 5-10** Memcached 서버 구성2

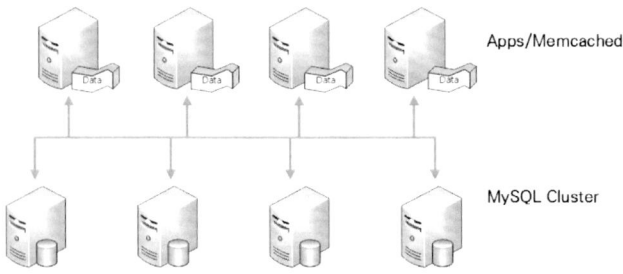

Memcached 전용 서버를 구성하여 그림 5-11과 같이 서버를 구성할 수도 있다. 이 경우 또한 $MYSQL_HOME/lib/ndb_engine.so 파일을 캐시 서버에 복사하여 Memcached 데몬을 올리면 된다.

그림 5-11 Memcached 데몬을 Memcached 전용 서버에 올린 구성

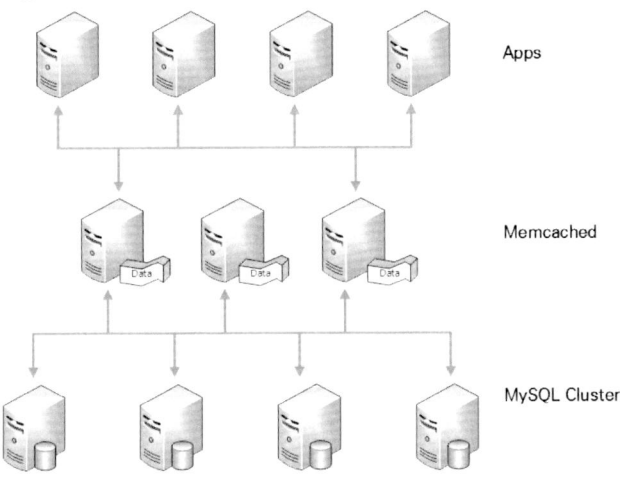

Apps

Memcached

MySQL Cluster

## 5.2.5 Memcached의 제약 사항

ndb와 연동하는 Memcached 관련 제약 사항은 앞서 설명한 바 있는, MySQL 5.6 버전의 Memcached 플러그인에서 Cache_Policies가 "Caching"인 경우와 동일하다.

특정 Memcached에서 set한 데이터는 다른 Memcached 영역으로 자동으로 적용되지 않는다. 물론 ndb에는 데이터가 있겠지만, 데이터 대부분은 ndb에서 직접 읽어와야 한다. 캐싱Caching 상태에서 get 오퍼레이션 시 Memcached에 없는 데이터를 ndb에서 읽어와도 자동으로 캐시 영역에 올리지 않기 때문이다. 즉, 매번 ndb에 접근하여 데이터를 읽어와야 하는 것이다.

ndb에서는 모든 데이터를 네트워크를 통해 노드 간에 주고받기 때문에, 네트워크 지연이 조금이라도 발생하면 Cache 처리뿐만 아니라 ndb 자체적인 성능도 크게 떨어질 수밖에 없다.

## 5.2.6 MySQL에서의 HandlerSocket와 Memcached의 기능 비교

MySQL 계열의 Memcached에 대해 간단히 설명했으니, 이제 HandlerSocket과 기능적인 측면을 비교해보자.

우선, HandlerSocket은 보조 인덱스들을 활용할 수 있고 범위 검색도 가능한 데 반해, MySQL 5.6 버전 및 MySQL Cluster와 함께 동작하는 Memcached의 경 우 보조 인덱스는 물론 범위 검색도 불가하다는 점이 가장 큰 차이점이다. Memcached는 오직 Primary Key를 통한 단건 데이터에의 접근만을 허용한다. 그런 한편, Memcached에서는 Expire Time이라는 강력한 기능을 제공하는데 HandlerSocket에는 그러한 개념 자체가 없다.

표 5-5 HandlerSocket과 MySQL 5.6, MySQL Cluster의 성능 비교

|  | HandlerSocket | MySQL5.6 (Memcached Plugin) | MySQL Cluster (Memcached Daemon) |
|---|---|---|---|
| Data Access | Handler API | InnoDB API | InnoDB API |
| Cache | 없음 | 사용 가능 | 사용 가능 |
| Secondrary Index | 가능 | 불가 | 불가 |
| Range Scan | 가능 | 불가 | 불가 |
| MySQL Replication | 사용 가능 | 사용 가능 | 사용 가능 |
| Expire Time | 불가 | 지원 | 지원 |
| Client | HandlerSocket API | Memcache API | Memcache API |

# 6 | MariaDB와 함께 사용하면 좋은 유틸리티

MariaDB와 MySQL이 분명 좋은 DBMS이기는 하지만, 각자는 그 자체만으로 부족한 면이 있다. 예를 들어 대용량 테이블 스키마를 변경하고자 할 경우, MariaDB에서 제공하는 기능만으로 수행하려면 반드시 해당 테이블에 잠금이 필요하다. 만약 서비스 접속 시 빈번하게 사용되는 테이블이라면 결과적으로 서비스를 중지한 이후에 스키마를 변경해야 한다(물론 최근에는 MySQL과 MariaDB에서도 온라인으로 스키마를 변경할 수 있는 기능이 구현되고 있다). 이번 장에서는 MariaDB의 기능을 보완해 줄 수 있는 함께 사용하면 좋은 유틸리티에 대해 알아보자.

## 6.1 XtraBackup

DB 운영 업무 중 백업은 데이터 안정성 및 신뢰성을 향상하는 데 가장 중요한 요소 중 하나다. 만약 대형 장애가 발생하여 데이터를 복원해야 하는데 적절한 백업 데이터가 없어서 데이터 유실이 발생한다면, 그것을 결코 안정적인 서비스라고 할 수 없을 것이다.

이 섹션에서는 Percona[01]에서 만든 Xtrabackup 툴을 소개한다. 이 툴을 이용하면 InnoDB 데이터를 빠르고 안정적으로 백업할 수 있다.

### 6.1.1 MySQL Dump Backup이란?

MySQL은 mysqldump를 사용해 SQL 기반으로 백업할 수 있으며, 트랜잭션을 지원하는 스토리지 엔진이라면 특정 시점의 백업본도 생성할 수 있다. 만약 Binary Log(데이터의 변경 이력을 기록하는 MySQL의 대표 로그 중 하나)를 보관하고 있다면, 백업 시점부터 장애 발생 바로 이전 시점까지의 데이터를 복원할 수 있다.

---

01  http://www.percona.com/

그림 6-1 mysqldump를 이용한 백업

그러나 mysqldump는 몇 가지 단점도 지니고 있다. 첫째, 백업 시간이 느리다. 모든 테이블의 데이터를 DBMS 메모리에 올리고 쿼리 기반으로 추출하여 파일로 생성하기 때문에, 처리 속도가 느릴 뿐만 아니라 많은 DB 리소스를 사용함으로써 무리가 올 수 있다. 둘째, 복원 시간이 느리다. 백업 파일은 SQL 기반으로 생성되므로, 복원 역시 생성된 모든 쿼리 리스트를 실행해야 완료된다.

## 6.1.2 왜 Xtrabackup인가?

Xtrabackup은 mysqldump와는 달리 DB 파일 자체를 복사하는 구조로 동작한다. DB로부터 쿼리를 추출하여 텍스트 형식으로 데이터를 추출하는 것이 아니라, DB가 실제로 사용하는 데이터 파일을 복사하는 형식으로 동작한다(마치 PC에서 동영상을 CTL+C, CTL+V하는 것처럼 동작한다). 복구 또한 기존의 백업 파일을 Copy하는 단계부터 시작한다. 논리적인 연산은 생략되고 단순히 데이터 파일을 Copy하는 방식이기 때문에 백업 및 복구 시간이 그만큼 줄어드는 것이다. 이러한 Xtrabackup의 장점은 아래의 그림 6-2에서 한눈에 드러난다.

그림 6-2 Xtrabackup 백업 방식

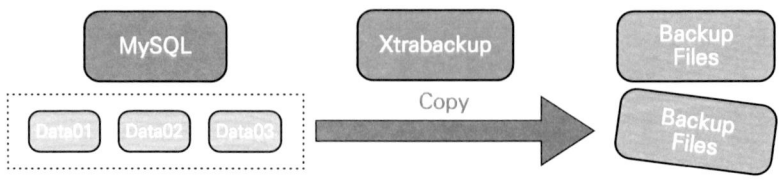

게다가 Xtrabackup은 증분 백업[02] 기능도 제공하기 때문에 백업 공간 또한 크게 줄일 수 있다.

### 6.1.3 Xtrabackup 설치하기

Xtrabackup은 기본적으로 Perl 모듈 perl-DBD-MySQL에 의존하며, 단순히 데이터 파일만 복사하지 않는다. 때문에 각 테이블의 스키마 정보는 물론, 현재 어디까지 반영되었는지를 보여주는 바이너리 로그 포지션 정보를 조회해야 한다. 그래서 DB에 접근해야 하고, Perl로 구현된만큼 DB와의 커넥션을 맺기 위한 perl-DBD-MySQL이 반드시 필요한 것이다. perl-DBD-MySQL 모듈을 정상적으로 설치했다면 최신 Xtrabackup rpm 파일을 다음 URL에서 다운받기 바란다.

- http://www.percona.com/downloads/XtraBackup/LATEST/binary/Linux/

Xtrabackup은 리눅스 기반의 운영체제에서만 사용할 수 있다(다른 플랫폼은 현재 지원하지 않는다. 이는 즉, 윈도우를 사용하고 있는 유저라면 현재로서는 Xtrabackup을 테스트할 수 없다는 의미다). 필자는 'percona-xtrabackup-2.1.5-680-Linux-x86_64.tar.gz' 파일로 테스트했다.

```
$ tar zxvf percona-xtrabackup-2.1.5-680-Linux-x86_64.tar.gz
$ mv percona-xtrabackup-2.1.5-Linux-x86_64 /usr/local/
$ ln -s percona-xtrabackup-2.1.5-Linux-x86_64 xtrabackup
```

설치는 tar.gz으로 압축된 파일을 단순히 원하는 디렉터리에 압축, 해제하면 완료된다. 그런 다음 Xtrabackup을 사용하기 위한 실행 파일 위치를 PATH에 추가해주기만 하면 즉시 사용할 수 있다.

---

02  특정 풀 백업 시점부터 변경된 데이터 부분만 백업하는 방식이다.

```
$ vi ~/.bash_profile

## 하단 항목 추가 후 저장
export XTRABACKUP_HOME=/usr/local/xtrabackup
export PATH=$PATH:$XTRABACKUP_HOME/bin
```

다음 번 접속 시 위에서 설정한 항목이 적용된다. 즉시 적용하고 싶은 경우라면 다음과 같이 실행하기 바란다.

```
$ . ~/.bash_profile
```

이 책에서는 이처럼 XtraBackup에 대해 간단히 설명했다. 관련 기술에 대해 좀 더 알고 싶다면 다음 웹 사이트를 방문하여 Xtrabackup 관련 문서를 살펴보기 바란다.

- http://www.percona.com/software/percona-xtrabackup

## 6.1.4 Xtrabackup 사용 시 주의사항

Xtrabackup을 사용하려면 디스크 여유 공간이 최소한 전체 데이터 파일 사이즈의 1.5배 정도는 있어야 한다(전체 데이터 파일 사이즈x1.5). Xtrabackup은 OS 상에서 데이터 파일을 Copy하는 구조로 동작하기 때문에 여유 공간이 부족할 경우 백업 작업을 성공적으로 수행할 수 없다. 증분 백업을 고려한다면, 증분 백업 파일을 저장하기 위해 50% 정도의 추가 공간을 여유분으로 남겨놓기 바란다. 단, 여기서 언급하는 디스크 공간은 대략적인 수치일 뿐이며 실제로는 트랜잭션의 규모에 따라 달라질 수도 있다. 또한 온라인에서 백업을 수행할 수 있다고 해서 DB에 영향을 전혀 주지 않는다는 의미는 아니다. 백업이 DB에 미치는 영향은 다음과 같다. 백업이 DB에 미치는 영향은 다음과 같다.

① Disk I/O 이슈가 발생할 수 있다.

만약 동일 디스크에서 백업 파일을 구성하면 백업하는 동안는 DB 성능이 상당히 떨어진다. 백업 디스크는 가능한 한 분리할 것을 추천한다.

② 백업을 거의 완료하는 시점에 DB에서 데이터 변경이 일시적으로 지연된다. .

백업 시점을 찍고(백업이 거의 완료되는 시점) 현재 스키마를 저장하기 위해, Xtrabackup는 마무리 단계에서 일시적으로 'Global Lock'을 건다(수초간). 'Global Lock'이 걸린 동안에 Read 작업은 진행지만, Write 작업은 대기 상태가 되었다가 Lock이 해제되는 순간 적용된다. 만약, InnoDB가 아닌 다른 스토리지 엔진으로 백업할 때 데이터 파일이 크다면 Lock이 길어질 수 있다(파일을 저장할 때까지 기다려야 하기 때문에 Lock이 길어진다). InnoDB만 사용하는 경우 "--no-lock"을 붙여서 백업을 수행하면, Global Read Lock 이슈는 사라진다. 마지막으로 조언하자면, 백업은 가능한 한 데이터 변경이 가장 적은 새벽 시간이나 슬레이브 장비에서 수행할 것을 강력히 추천한다.

이제 모든 준비가 완료되었으니 Xtrabackup을 통한 백업 방법에 대해 알아보자.

■ 풀 백업(또는 전제 백업, Full Backup)

DB 데이터 파일 전체를 복사하는 방식으로, 데이터 파일의 크기에 따라 상당한 시간이 소요될 수 있다. 처리 시간은 DISK I/O에 따라 달라지는데, 가령 125GB 데이터 파일일 경우 일반 디스크에서는 약 1시간 소요된다.

종료 후 "innobackupex: completed OK!"가 정상적으로 출력되었는지 반드시 확인하기 바란다.

```
innobackupex --user=[DB계정] --password=[DB패스워드] \
        --parallel=4 --defaults-file=[DB설정파일] --no-timestamp --slave-info \
        [백업위치]/[풀 백업명]
```

**표 6-1 풀 백업 옵션**

| 구분 | 설명 |
|---|---|
| --user | DB 접속 계정 |
| --password | DB 접속 패스워드 |
| --ibbackup | XXtrabackup 백업 위치나 DB 버전에 따라 사용되는 유틸리티가 다름<br>MySQL 5.5 버전은 xtrabackup_55 사용 |
| --parallel | 병렬 처리 스레드 개수 |
| --defaults-file | DB 설정 파일 위치, 기타 옵션을 DB 설정 파일에서 읽어옴 |
| --no-timestamp | 자동으로 백업 파일 디렉터리를 생성하지 않도록 설정 |
| --slave-info | 슬레이브인 경우 슬레이브 포지션 명시 |
| --no-lock | InnoDB가 아닌 테이블 데이터 복사 시 Global Read Lock 없이 수행하는 것으로,<br>InnoDB만 사용한다면 옵션을 추가해서 백업하도록 한다. |
| 백업 위치 | 백업 디렉터리 위치 |
| 풀 백업명 | 풀 백업 디렉터리명, 풀 백업 시 해당 디렉터리가 없어야 함 |

풀 백업하는 방법은 다음과 같다.

```
innobackupex --user=backup --password=backup \
             --parallel=4 --defaults-file=/etc/my.cnf --no-timestamp --slave-info \
             /backup/fullbackup
```

■ 증분 백업(Increment Backup)

증분 백업은 이전 백업본을 기준으로 변경 사항만을 저장하는 백업 방식이다. DB 내부 'LSN^Log Sequential Number'[03]에 따라 변경 사항을 저장한다. InnoDB에서는 데이터가 변경되는 즉시 데이터 파일에 기록하지 않고 먼저 로그 파일에 변경 사항을 기록 후, 버퍼 풀의 데이터를 변경한다. 그리고 주기적으로 로그 파일에 기록된 내

---

03  로그 파일에 기록된 로그의 순서를 가리킨다.

용을 LSN에 따라 데이터 파일로 일괄 반영한다. 즉, LSN은 복사했던 데이터 파일이 어디까지 기록된 버전인지를 알려주는 중요한 정보이므로, 반드시 유실되지 않도록 주의해야 한다. 처리 시간은 데이터 변경량과 디스크 I/O에 따라 좌우되며, I/O 퍼포먼스가 좋은 SSD의 경우 백업 시간이 훨씬 줄어든다.

incremental-basedir를 명시하지 않으면, 최근 백업본을 기준으로 증분 백업을 수행한다. 풀 백업과 마찬가지로 백업이 완료되면 "innobackupex: completed OK!"가 정상적으로 출력되었는지 반드시 확인해야 한다. 또한 백업에 필요한 DB 접속 계정은 SUPER 권한을 가진 사용자여야 하는데, 시점 백업본을 만들 때 일시적으로 Global Lock이 필요하기 때문이다.

```
innobackupex --user=[DB계정] --password=[DB패스워드] \
         --parallel=4 --defaults-file=[DB설정파일] --slave-info --incremental \
         [백업디렉터리]
```

표 6-2 증분 백업 옵션

| 구분 | 설명 |
| --- | --- |
| --user | DB 접속 계정 |
| --password | DB 접속 패스워드 |
| --ibbackup | Xtrabackup 백업 위치나 DB 버전에 따라 사용되는 유틸리티가 다름<br>MySQL 5.5 버전은 xtrabackup_55 사용 |
| --parallel | 병렬 처리 스레드 개수 |
| --defaults-file | DB 설정 파일 위치와 기타 옵션을 DB 설정 파일에서 읽어옴 |
| --slave-info | 슬레이브인 경우 슬레이브 포지션 명시 |
| --incremental | 증분 백업임을 명시 |
| --no-lock | InnoDB가 아닌 테이블 데이터 복사 시 Global Read Lock 없이 수행하는 것으로,<br>InnoDB만 사용한다면 옵션을 추가해서 백업하도록 한다. |

| 구분 | 설명 |
|---|---|
| --incremental-basedir | 증분 백업 시 기준이 되는 최근 백업본을 명시하지 않은 경우, 최근 생성된 백업 디렉터리를 기준으로 백업을 수행한다.<br>여기서는 명시하지 않는다. |
| 백업 위치 | 백업 디렉터리 위치 |

증분 백업 방법은 다음과 같다.

```
innobackupex --user=backup --password=backup \
            --parallel=4 --defaults-file=/etc/my.cnf --no-timestamp --slave-info \
            /backup/fullbackup
```

## 6.1.5 데이터 복구

백업과는 달리 복구할 때는 DB 접속 계정이 필요 없다. 백업 파일을 복사하고 로그 파일을 적용하는 단계는 모두 디스크 블록 복사로만 동작하기 때문이다. 데이터 복구는 다음과 같은 절차로 수행된다.

- 풀 백업 데이터 생성
- 증분 백업 적용
- 복구 마무리

데이터 복구 단계를 하나씩 살펴보자.

■ 풀 백업 데이터 생성

증분 백업은 전체 백업을 한 이후에 변경 사항만을 백업하는 방식이다. 즉, 증분 백업을 사용하여 데이터를 복원하기 위해서는 증분 백업의 기준이 되는 풀 백업 데이터 파일이 필요하다. 이 단계는 풀 백업 데이터를 복원하는 단계인데, 이때 반드시 '--redo-only' 옵션을 넣어야 한다. 만약 이 옵션을 넣지 않으면, 이 이후부터는 증분 백업 데이터를 적용할 수 없다.

```
innobackupex --parallel=4 --defaults-file=[DB설정파일] \
        --apply-log --redo-only [백업위치]/[풀 백업명]
```

표 6-3 풀 백업 데이터 생성 옵션

| 구분 | 설 명 |
|---|---|
| --ibbackup | Xtrabackup 백업 위치나 DB 버전에 따라 사용되는 유틸리티가 다름<br>MySQL 5.5 버전은 xtrabackup_55 사용 |
| --parallel | 병렬 처리 스레드 개수 |
| --defaults-file | DB 설정 파일 위치와 기타 옵션을 DB 설정 파일에서 읽어옴 |
| --apply-log | 로그 적용 명시 |
| --redo-only | Redo Log만 적용하도록 명시(Commit/Rollback 모두 적용) |
| 백업 위치 | 백업 디렉터리 위치 |
| 풀 백업명 | 풀 백업 디렉터리 명 |

풀 백업 데이터를 생성하는 방법은 다음과 같다.

```
innobackupex --parallel=4 --defaults-file=/etc/my.cnf \
        --apply-log --redo-only /backup/fullbackup
```

■ 증분 백업 적용

증분 백업을 적용하는 경우, 적용해야 할 증분 백업본이 첫 번째 백업본인지 아 닌지에 따라 적용하는 옵션이 달라진다. 첫 번째 증분 백업 파일인 경우 'REDO-ONLY' 옵션을 주고 두 번째부터는 'REDO-ONLY' 옵션 없이 진행한다.

증분 백업 적용은 풀 백업 이후 시간 순으로 차례대로 수행해야 한다. 순서가 달라지는 경우 복구된 파일을 사용할 수 없으니, 주의하기 바란다.

① 첫 번째 증분 백업본

첫 번째 증분 백업본을 풀 백업 복원 파일에 적용하는 단계다.

```
innobackupex --parallel=4 --defaults-file=[DB설정파일] \
        --apply-log --redo-only [백업위치]/[풀 백업명]\
        --incremental-dir=[백업위치]/[첫번째증분백업위치]
```

표 6-4 첫 번째 증분 백업 적용 옵션

| 구분 | 설명 |
|---|---|
| --ibbackup | Xtrabackup 백업 위치나 DB 버전에 따라 사용되는 유틸리티가 다름<br>MySQL 5.5 버전은 xtrabackup_55 사용 |
| --parallel | 병렬 처리 스레드 개수 |
| --defaults-file | DB 설정 파일 위치, 기타 옵션을 DB 설정 파일에서 읽어옴 |
| --apply-log | 로그 적용 명시 |
| --redo-only | Redo Log만 적용하도록 명시(Commit/Rollback 모두 적용) |
| 백업 위치 | 백업 디렉터리 위치 |
| 첫 번째 증분 백업 위치 | 증분 백업 디렉터리 명, 타임스탬프로 명시되어 있음 |
| 백업 위치 | 백업 디렉터리 위치 |
| 풀 백업명 | 풀 백업 디렉터리명 |

첫 번째 증분 백업을 적용하는 방법은 다음과 같다.

```
innobackupex  --parallel=4 --defaults-file=/etc/my.cnf \
        --apply-log --redo-only /backup/fullbackup \
        --incremental-dir=/backup/2013-11-05_09-54-04
```

② 두 번째부터 증분 백업 적용

두 번째 이후부터는 '--redo-only' 옵션 없이 복구하고자 하는 증분 백업 파일까지 반복적으로 수행한다. 당연한 이야기이겠지만, 증분 백업 적용은 순차적으로 수행해야 한다는 점을 잊지 말기 바란다.

```
innobackupex --parallel=4 --defaults-file=[DB설정파일] \
        --apply-log [백업위치]/[풀 백업명] \
        --incremental-dir=[백업위치]/[첫번째증분백업위치]
```

**표 6-5** 두 번째부터 증분 백업 적용 옵션

| 구분 | 설명 |
| --- | --- |
| --ibbackup | Xtrabackup 백업 위치나 DB 버전에 따라 사용되는 유틸리티가 다름<br>MySQL 5.5 버전은 xtrabackup_55 사용 |
| --parallel | 병렬 처리 스레드 개수 |
| --defaults-file | DB 설정 파일 위치와 기타 옵션을 DB 설정 파일에서 읽어옴 |
| --apply-log | 로그 적용 명시 |
| 백업 위치 | 백업 디렉터리 위치 |
| 첫 번째 증분 백업 위치 | 증분 백업 디렉터리명이 타임스탬프로 명시되어 있음 |
| 백업 위치 | 백업 디렉터리 위치 |
| 풀 백업명 | 풀 백업 디렉터리명 |

두 번째부터 증분 백업을 적용하는 방법은 다음과 같다.

```
innobackupex --parallel=4 --defaults-file=/etc/my.cnf \
        --apply-log /backup/fullbackup  \
        --incremental-dir=/backup/2013-11-05_11-07-09
```

■ 복구 마무리

증분 백업이 적용된 풀 백업본에서 모든 로그를 적용하여 최종적으로 데이터 복구를 마무리한다. 이 단계를 거치면, 백업본으로부터 데이터 파일의 복원이 완료된다.

```
innobackupex --parallel=4 --defaults-file=[DB설정파일] \
        --apply-log [백업위치]/[풀 백업명]
```

**표 6-6 복구 옵션**

| 구분 | 설명 |
|---|---|
| --ibbackup | Xtrabackup 백업 위치나 DB 버전에 따라 사용되는 유틸리티가 다름<br>MySQL 5.5 버전은 xtrabackup_55 사용 |
| --parallel | 병렬 처리 스레드 개수 |
| --defaults-file | DB 설정 파일 위치와 기타 옵션을 DB 설정 파일에서 읽어옴 |
| --apply-log | 로그 적용 명시 |
| 백업 위치 | 백업 디렉터리 위치 |
| 풀 백업명 | 풀 백업 디렉터리명 |

복구하는 방법은 다음과 같다.

```
innobackupex --parallel=4 --defaults-file=/etc/my.cnf \
        --apply-log /backup/fullbackup
```

## 6.1.6 복원 데이터 적용

앞의 단계를 적용하면서 생성된 데이터 파일을 DB 데이터에 넣은 다음, mysql로 권한을 변경하고 DB를 구동해보자. 만약 InnoDB 로그 파일인 ib_logfile 경로가 다르다면, 해당 위치로 로그 데이터를 이동한다. InnoDB의 로그 파일이 설정 파일과 다르게 지정된 경우라면, DB가 구동되면서 로그 파일을 새롭게 생성하기 때문에 복원이 정상적으로 이루어지지 않았을 수 있다.

복원 후 특정 시점으로 데이터를 복원하려면 백업 시점의 바이너리 로그 포지션을 알아야 하는데, 관련 정보는 복원된 데이터 파일의 디렉터리 하단에 있다. 생성된 텍스트 파일이 가지는 정보에 대해서는 표 6-7을 통해 간략하게 설명했다.

표 6-7 xtrabackup 백업 정보

| 파일 명 | 설 명 |
| --- | --- |
| xtrabackup_binary | 백업 시 사용한 xtrabackup 유틸리티명. MySQL 5.5 버전인 경우 xtrabackup_55 로 명시되어 있음 |
| xtrabackup_binlog_info | 백업 마무리 시점 전체 binlog 포지션 정보 |
| xtrabackup_binlog_pos_innodb | innodb에서 사용한 binary log 포지션 정보 |
| xtrabackup_checkpoints | xtrabackup에서 적용한 LSN 정보 |
| xtrabackup_slave_info | DB가 슬레이브인 경우 해당 시점 DB 슬레이브 포지션 정보 없을 시 최종 적용한 슬레이브 증분 백업본 내에 포함되어 있음 |

InnoDB만 있는 서버라면 xtrabackup_binlog_info, xtrabackup_binlog_pos_ innodb에 명시된 '바이너리 로그$^{Binary Log}$' 정보가 일치해야 한다. 만약 일치하지 않는다면 백업하거나 복구할 때 에러가 발생했을 수도 있다. 그러니 'Binary Log' 정보가 일치하지 않을 경우 백업 및 복구 상태를 확인해보기 바란다.

이제 바이너리 로그를 통해 원하는 시점까지 복원을 수행해보도록 하자. xtrabackup_ binlog_info에 기록된 바이너리 로그 포지션 정보는 다음과 같다.

```
mysql-bin.000050    15896120
```

현재 서버에 저장된 바이너리 로그 파일은 아래와 같다. 붉고 굵게 표시된 부분이 위에 기록된 로그 파일에 해당한다.

```
-rw-rw---- 1 mysql dba 105235585  2월  2 10:04 mysql-bin.000047
-rw-rw---- 1 mysql dba 104961157  2월  3 15:05 mysql-bin.000048
-rw-rw---- 1 mysql dba 105065642  2월  4 11:42 mysql-bin.000049
-rw-rw---- 1 mysql dba 105768943  2월  5 17:34 mysql-bin.000050
-rw-rw---- 1 mysql dba 105005290  2월  6  8:14 mysql-bin.000051
-rw-rw---- 1 mysql dba  99259832  2월  6 16:47 mysql-bin.000052
-rw-rw---- 1 mysql dba      2065  2월  6  8:14 mysql-bin.index
```

위 바이너리 로그 파일을 시작으로 원하는 위치까지 순차적으로 적용하면, 특정 시
점 백업 복구가 완료된다. 만약 2월 6일 14시 시점까지만 데이터를 복원하고 싶다
면 다음과 같은 순서로 진행하면 된다.

```
-rw-rw---- 1 mysql dba 105235585  2월  2 10:04 mysql-bin.000047
-rw-rw---- 1 mysql dba 104961157  2월  3 15:05 mysql-bin.000048
## 바이너리 로그에서 SQL 추출
rm -rf restore.sql
mysqlbinlog --start-position=15896120 mysql-bin.000050 >> restore.sql
mysqlbinlog mysql-bin.000051 >> restore.sql
mysqlbinlog - - stop-datetime='2013-02-06 14:00:00' mysql-bin.0000512 >> restore.sql
## 추출한 SQL 파일 적용
mysql -uroot -p < restore.sql
```

바이너리 로그에 관한 더욱 자세한 내용은 MySQL 매뉴얼을 참고하기 바란다.
Xtrabackup 백업본을 활용하여 백업할 때, 서버의 역할(마스터/슬레이브)에 따
라 바이너리 로그 기록 파일을 다르게 사용해야 한다. 이에 대해 간단하게 설명하
도록 하겠다.

① 마스터 백업

마스터에서 Xtrabackup을 수행한 경우다. 이 경우에는 'xtrabackup_binlog_

info' 파일이나 'xtrabackup_binlog_pos_innodb' 파일에 명시된 바이너리 로그 그 포지션으로부터 복원하고자 하는 바이너리 로그를 마스터 서버에서 추출하여 적용한다.

② 슬레이브 백업
슬레이브에서 백업한 경우, 복구 시 주의해 할 사항이 몇 가지 있다. 이때 슬레이브에는 'log_slave_updates'가 활성화되어 있다고 가정한다. 'log_slave_updates'는 마스터에서 받아온 변경 이력을 슬레이브와 로그로 기록하는 파라미터다.

먼저, 슬레이브에서 백업을 수행한 Xtrabackup 파일을 사용하여 그림 6-3처럼 신규 슬레이브를 추가로 구성하는 경우다. 물론 슬레이브 서버에 장애가 발생하여 그것을 복원하는 작업도 이와 유사하다.

**그림 6-3** Xtrabackup 파일을 이용한 신규 슬레이브 구성 백업

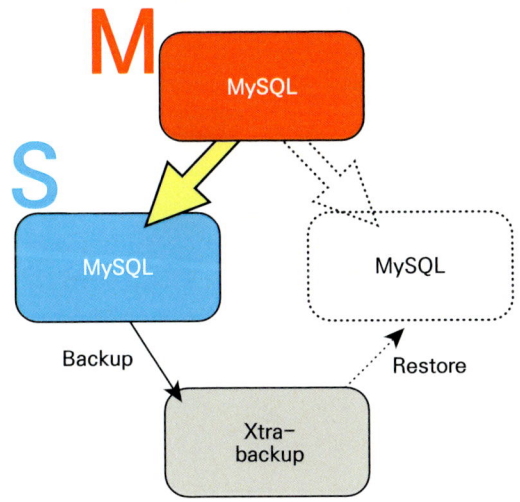

이 경우 마스터 서버는 현재 정상적으로 동작 중이다. 즉, 슬레이브 백업 당시의 슬

레이브 상태 정보를 통해 슬레이브를 추가하기 위한 초기 바이너리 로그 포지션을 추출할 수 있다. 이 정보는 xtrabackup_slave_info 파일에 기록된 바이너리 로그를 참조하여 얻을 수 있다. 백업 시점의 슬레이브 정보이므로, 이 정보는 결국 마스터의 바이너리 로그 포지션과 동일하다고 생각하면 된다.

다음은 마스터 서버에 장애가 발생한 상황으로, 슬레이브를 마스터로 용도를 변경한 후 원래 마스터/슬레이브 상태로 데이터를 복원하는 경우다. 기존 마스터가 죽었으니 마스터의 바이러리 로그는 활용할 수 없다.

**그림 6-4** Xtrabackup 파일을 이용한 마스터 백업

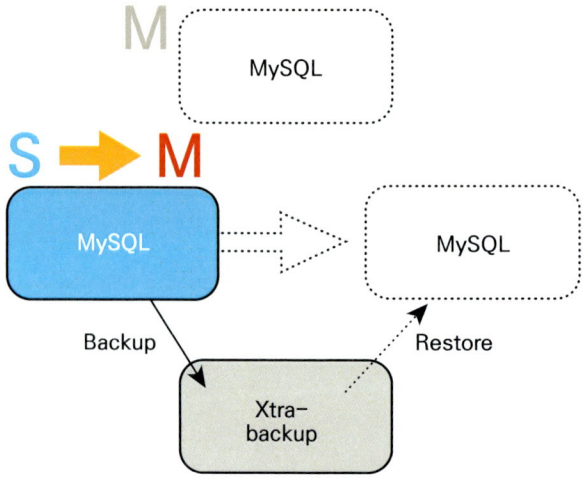

이 경우 log_slave_updates 옵션이 활성화되어 있으므로, 슬레이브에 저장된 바이너리 로그를 활용하여 추가 슬레이브를 생성할 수 있다. 백업을 수행하던 서버가 신규 마스터가 되었으니, 마치 마스터 서버에서 백업을 수행한 것처럼 동일한 방법으로 xtrabackup_binlog_info 파일이나 xtrabackup_binlog_pos_innodb 파일에 명시된 바이너리 로그 포지션을 참조하여 복원하면 된다.

6장 MariaDB와 함께 사용하면 좋은 유틸리티

이때 반드시 주의해야 할 사항이 있다. 신규 슬레이브의 server_id 값을 반드시 마스터의 서버 아이디(server_id)와는 다른 값으로 구성해야 한다는 점이다. 동일 서버에 데이터 변경이 중복으로 적용되는 것을 방지하기 위해, 바이너리 로그에는 어떤 서버에서 변경 이력이 생성되었는지에 관한 정보를 기록한다. 동일 서버에 관한 로그인 경우 내부적으로 DB 적용을 건너뛰는 메커니즘이 있다. 즉, 실수로라도 기존 마스터와 동일한 서버 아이디를 신규 슬레이브에 할당하면, 백업 이후 발생했던 데이터 변경 내용이 전혀 적용되지 않는다. 쉽게 실수할 수 있는 부분이니 주의하여 복원하기 바란다.

## 6.1.7 백업 스크립트

필자는 실무에서 간단하게 사용할 수 있는 백업 셸 스크립트를 작성해보았다. full 혹은 incremental만 인자로 가지며, incremental 시 가장 최근에 백업한 백업 파일을 기준으로 새로운 Incremental 백업을 생성하는 간단한 스크립트다.

```
#!/bin/bash

####################################################
## Input Check
####################################################
if [ ! $# -eq 1 ]; then
  echo "Usage: ${0} [full/incremental]"
  echo "<Example>"
  echo "Full Backup        : ${0} full"
  echo "Incremental Backup : ${0} incremental"
  exit 1
fi


####################################################
## Define
```

```
#################################################
export BACKUP_HOME=/backup
export XTRABACKUP_HOME=/usr/local
export BACKUP_USER=buser
export BACKUP_PASS=bpass123
export DEFAULT_FILE=/etc/my.cnf
export PATH=$PATH:$XTRABACKUP_HOME/bin


#################################################
## Prepare
#################################################

## Remove & Make Directory
if [ -d $BACKUP_HOME ];
then
        echo ""
else
   mkdir -p $BACKUP_HOME
fi


#################################################
## Full Backup
#################################################

if [ $1 = "full" ]; then
  ## Remove Full Backup File
  echo `date` "###### [BEGIN deleting full backup]"
  rm -rf $BACKUP_HOME/fullbackup
  echo `date` "###### [END]"

  ## Find Incremental Backup Files
  cd $BACKUP_HOME
```

```
    dir_list=`ls $BACKUP_HOME | grep -E
'^[0-9]{4}-[0-9]{2}-[0-9]{2}_[0-9]{2}-[0-9]{2}-[0-9]{2}'`
    dir_full_name=${dir_list[0]};

    ## Remove Incremental Backup Files
    echo `date` "###### [BEGIN deleting incremental backup]"
    rm -rf $dir_full_name
    echo `date` "###### [END]"

    ## Full Backup Start
    echo `date` "###### [BEGIN full backup]"
    innobackupex                     \
      --user=$BACKUP_USER            \
      --password=$BACKUP_PASS        \
      --defaults-file=$DEFAULT_FILE \
      --no-timestamp \
      --slave-info $BACKUP_HOME/fullbackup
    echo `date` "###### [END]"
    exit 0
fi


###################################################
## Incremental Backup
###################################################

if [ $1 = "incremental" ]; then
  echo `date` "###### [BEGIN Incremental backup]"
  innobackupex \
    --user=$BACKUP_USER \
    --password=$BACKUP_PASS \
    --defaults-file=$DEFAULT_FILE \
    --slave-info \
```

```
    --incremental $BACKUP_HOME
  echo `date` "###### [END]"
  exit 0
fi

## Bad Variables
echo "Variable error!! full or incremental"
```

단, 백업 도중 발생할 수 있는 예기치 않는 문제에 관해서는 체크하지 않았다. 이 부분은 각자의 구미에 맞추어 자유롭게 추가/변경해서 사용하기 바란다.

## 6.2 pt-online-schema-change

서비스 개발 단계라면 언제든지 테이블 스키마 변경을 할 수 있다. 그러나 일단 서비스가 배포되고 본격적으로 데이터 변경이 발생하기 시작하면, 스키마 변경은 부담스러운 작업이 된다(여기서 스키마 변경은 칼럼뿐만 아니라 인덱스 추가/삭제에 대한 내용도 포함한다).

MySQL에서는 스키마가 변경될 때 변경되는 테이블에 Read Lock이 발생하는데, 데이터 Read는 허용하나 변경은 불가능하다. 만약 테이블이 커져서 스키마 변경에 1시간 이상 소요된다면, 해당 테이블에서는 1시간 동안 데이터 변경 작업할 수 없다는 의미다.

이 섹션에서는 서비스 중단 없이 스키마를 변경할 수 있는 Percona 툴킷 중 pt-online-schema-change에 관해 알아보겠다.

### 6.2.1 기존의 스키마 변경 방법

pt-online-schema-change에 대해 알아보기 앞서 이전에 사용하던 스키마 변경 방법에 관해 먼저 짚고 넘어가자. 이들 방식의 특징을 알아두면 pt-online-schema-change의 특징을 보다 쉽게 이해할 수 있을 것이다.

① 서비스 중단 또는 대체 테이블 활용

스키마를 변경하는 동안 서비스를 일시적으로 중단하는 것이다. 다만 모든 서비스를 중단하는 것이 아니라, 변경 대상 테이블의 데이터 변경을 중단한다. 어차피 Read는 가능하므로, 신규 데이터 유입이나 변경 작업만 중단시키면 된다.

만약 로그 성격의 테이블이라면, 대체 테이블에 데이터를 일시적으로 적재하고 스키마를 변경한 후, 대체 테이블에 저장된 데이터를 원본 테이블에 넣어주는 것도 좋은 방법이다. 대체 테이블을 통한 스키마 변경 방법은 그림 6-5를 참고하라.

**그림 6-5** 대체 테이블을 통한 스키마 변경

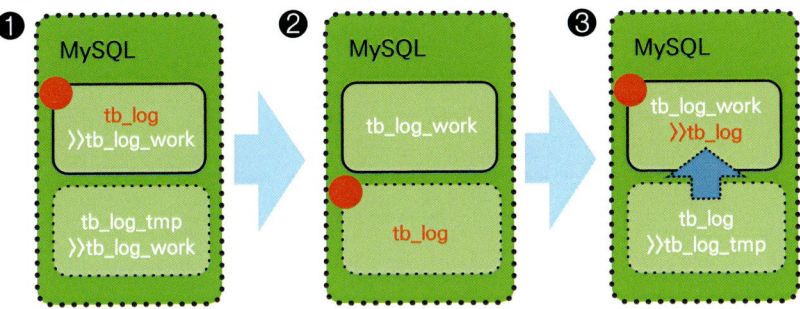

**표 6-8** 서비스 중단 또는 대체 테이블 활용을 위한 단계별 작성 방법

| 1단계 | 동일한 스키마 생성 후 Rename | create table tb_log_tmp like tb_log; |
|---|---|---|
| 2단계 | 원본 테이블 스키마 변경 (임시 테이블에 데이터 기록) | alter table tb_log_work.. |
| 3단계 | 테이블 Rename 및 데이터 이동 | rename table tb_log to tb_log_tmp, tb_log_work to tb_log; insert into tb_log(col01, col02...) select col01, col02... from tb_log_tmp; |

② 마스터/슬레이브 활용

MySQL의 마스터/슬레이브 구성을 통해 스키마를 변경하면 서비스 중단을 최소화할 수 있다. 슬레이브에서 원하는 스키마로 변경한 다음 마스터/슬레이브 역할을 변경하는 방식이다. 그림 6-6과 표 6-9을 통해 확인할 수 있다.

**그림 6-6** 마스터/슬레이브 활용 단계

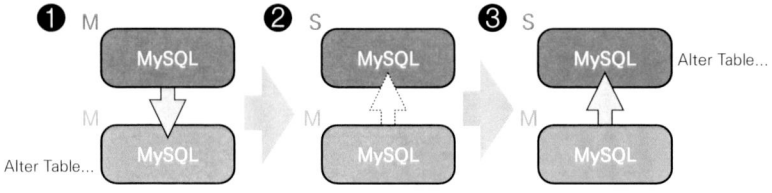

**표 6-9** 마스터/슬레이브 활용을 위한 단계별 작성 방법

| 1단계 | 슬레이브에서 스키마 변경 | alter table .. (슬레이브에서 수행) |
|---|---|---|
| 2단계 | 마스터/슬레이브 역할 변경 | 애플리케이션 작업 |
| 3단계 | 신규 슬레이브에서 스키마 변경 | alter table .. (신규 슬레이브 수행) |

슬레이브에서 스키마를 변경하는 중에는 마스터/슬레이브 간 데이터 동기화가 지연된다는 점을 주의해야 한다. 스키마가 변경되는 테이블에 Read Lock이 발생하기 때문이다.

인덱스를 추가하거나 삭제할 경우에는 위와 같이 수행해도 큰 무리가 없지만, 칼럼을 추가/삭제할 때에는 반드시 주의하여 작업해야 한다. 만약 마스터에서 변경 이력을 저장하는 포맷이 SQL 기반인 statement라면, 사용하는 쿼리가 스키마 변경 이후에도 마스터 슬레이브 간 데이터 동기화에 영향을 주는지 파악해야 한다. 가령 다음과 같이 Insert 쿼리 사용 중에 ①번 과정을 수행하면, "Column count doesn't match value count" 에러가 발행해 스키마 변경 이후 마스터와 데이터 동기화를 더 이상 수행할 수 없을 것이다. 이런 경우 애플리케이션에서 명시적으로 칼럼명을 지정해야 한다.

```
## 잘못된 사례
insert into tb_change values (1, 2, 3);

## 애플리케이션 쿼리 변경
insert into tb_change (i, j k) values (1, 2, 3);
```

그러나 바이너리 로그가 ROW 기반으로 기록된다면, 이마저도 할 수 없다. ROW 기반에서는 변경할 데이터 대상을 "이전과 동일한 레코드" 기준으로 찾아 내기 때문에, 칼럼 수를 비롯해 데이터 내용이 모두 일치해야 한다. 즉, 위와 같이 스키마에서 칼럼을 추가하면 타깃 레코드를 찾을 수 없다는 에러와 함께 리 플리케이션이 깨지게 된다. 이 경우 어쩔 수 없이 대체 테이블을 쓰든, 서비스 중단을 하든, 변경할 테이블로의 데이터 유입을 막고 작업을 수행해야 한다(단, 인덱스 추가나 삭제의 경우 칼럼 수가 변경되는 것은 아니기 때문에, 위와 같이 마스터/슬레이브를 활용하여 수행할 수 있다).

## 6.2.2 기존 스미카 대비 pt-onlin-schema-change의 차이점

그렇다면, pt-online-schema-change는 어떻게 다른 것일까?

pt-online-schema-change는 트리거를 활용한다. 트리거는 '총의 방아쇠'를 뜻 하는 용어로 어떤 사건을 유발한 계기를 의미하는데, DB에서 트리거란 데이터 변 경에 대한 특정한 액션(Insert/Update/Delete)이 테이블에 발생하면 덩달아 실 행해주는 오퍼레이션을 의미한다.

tb_a 스키마 변경을 한다고 가정할 때, pt-online-schema-change는 그림 6-7 과 같은 방식으로 동작한다.

그림 6-7 pt-online-schema-change의 동작 단계

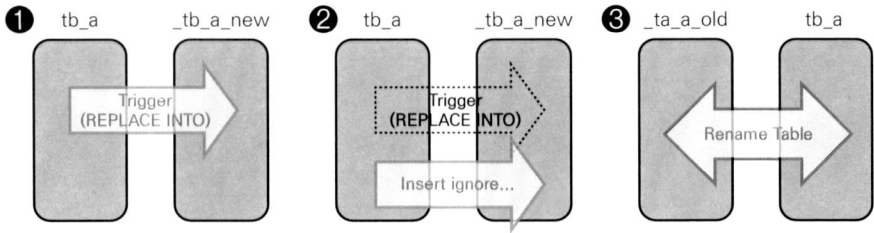

① Trigger Creation 단계

변경할 스키마가 적용된 임시 테이블(_tb_a_new)을 생성하고, 데이터 변경 시 _tb_a_new에 데이터를 적용할 트리거를 생성한다. 참고로 Insert/Update 트리거에는 "REPLACE INTO .." 구문으로 최근 데이터를 tb_a_new에 반영하고, Delete 트리거에는 tb_a와 동일한 데이터를 _tb_a_new에서도 동시에 Delete 처리한다. pt-online-schema-change에서는 데이터 변경 이후 동작하는 "AFTER Trigger"가 원본 테이블에 사용된다는 점을 알아두도록 한다.

② Copy Data 단계

트리거를 통해 현재 변경되는 데이터는 즉시 신규 테이블에 적용되므로, 기존 데이터를 신규 테이블로 복사하는 작업이 필요하다. 이것은 "insert ignore.." 구문으로, 지정한 데이터 건수만큼 반복해서 _tb_a_new 테이블에 넣는다. 데이터 건수는 pt-online-schema-change 실행 시 --chunk-size를 지정하여 조정할 수 있으며 기본값은 1000이다.

③ Swap Table(Rename Table) 단계

기존 데이터가 신규 테이블로 복사되었다면, 이제 테이블 이름을 변경(Rename)한다. 신규 테이블은 기존 테이블 이름인 tb_a로 변경되고 기존 테이블은 _tb_a_old로 이름이 변경된다. 이로써 스키마 변경이 완료된다.

테이블이 변경되는 동안 유입되는 데이터의 일관성에 대해 의구심을 가질 수 있을 것이다. 하지만 테이블 변경 작업은 다음과 같이 동일한 구문으로 이루어지고, 순간적으로 테이블 Lock이 발생(서비스에는 영향 없음)할 뿐 데이터 유실은 없다고 봐도 무관하다.

```
rename table tb_a to _tb_a_old, _tb_a_new to tb_a;
```

이로써 pt-online-schema-change 동작 방식에 대한 내용을 간단하게 살펴보았다. 이제, 실무에서 적용할 수 있도록 설치 및 활용 방법을 알아보자.

### 6.2.3 pt-online-schema-change 설치

pt-online-schema-change는 percona-toolkit에 포함되며 역시 perl-DBD-MySQL 모듈에 의존한다. DB에 접속하여 트리거 생성/데이터 복사 등의 작업을 수행하기 때문이다. perl-DBD-MySQL 설치 방법은 생략한다(인터넷을 통해 쉽게 찾을 수 있으니 참고하기 바란다).

먼저 다음 링크에 접근하여 시스템에 맞는 툴킷을 다운받는다.

• http://www.percona.com/downloads/percona-toolkit/

Redhat 계열인 경우에는 rpm을 다운받고 다음과 같이 설치하면 된다.

```
rpm -i percona-toolkit-2.2.4-1.noarch.rpm
```

### 6.2.4 pt-online-schema-change 활용

percona-toolkit이 정상적으로 설치되었다면, 즉시 온라인으로 스키마를 변경할 수 있다. 간단한 스키마 변경 구문과 기본적인 테이블 변경 방법은 다음과 같다.

```
pt-online-schema-change --alter "변경할 Alter 정보" D=데이터베이스,t=테이블명 \
--no-drop-old-table \                    ❶
--no-drop-new-table \
--chunk-size=500 \                       ❷
--defaults-file=/etc/my.cnf \
--host=127.0.0.1 \
--port=3306 \
--user=디비접속유저 \
--ask-pass \
--retries=20 \
--charset=UTF8 \                         ❸
--execute
```

① --no-drop-old-table & --no-drop-newld-table

테이블 스키마 변경 완료 이후에 기존 테이블(_테이블_old)을 Drop하지 않도록 설정하자. 파일 시스템이 ext3이고 대용량 데이터 파일을 Drop하는 경우, 테이블 데이터 파일을 지우는 동안 일시적으로 쿼리 처리가 지연될 수 있다. 이를 방지하기 위해 작업 완료 이후 원본 테이블을 삭제하지 않는다. 마찬가지 이유로 스키마 변경이 실패하더라도, 임시 테이블을 Drop하지 않는다.

② --chunk-size

--chunk-size은 기본적으로 1,000건이나 DB 부하를 줄이기 위해 500건으로 하향 조정했다.

③ --charset

테이블 캐릭터셋이 UTF8인 경우에는 '--charset=UTF8'과 같이 테이블의 캐릭터셋과 동일하게 준다. Perl에서 DB로 접속하는 경우 기본적으로 Latin1 캐릭터셋으로 접근한다. 스키마에 영문만 포함된 경우라면 큰 문제가 없겠지만, 코멘트에 영문 이외의 문자를 사용하면 코멘트가 깨지는 경우가 발생한다. 또한 테이블 칼럼 타입이 enum이고, 이에 대한 속성이 영문 및 숫자가 아닌 경우에는 치명적인 문제가 발생할 수 있다.

--charset을 지정하면, Perl에서 DBI를 통해 DB로 접속할 때 명시적으로 'set names 캐릭터셋' 실행 후 다음 단계를 수행한다. 다음은 pt-online-schema-change에서의 관련 코드다. 붉은색으로 굵게 표기한 부분을 유심히 살펴보자.

```perl
if ( my ($charset) = $cxn_string =~ m/charset=([\w]+)/ ) {
  $sql = qq{/*!40101 SET NAMES "$charset"*/};
  PTDEBUG && _d($dbh, ':', $sql);
  eval { $dbh->do($sql) };
  if ( $EVAL_ERROR ) {
    die "Error setting NAMES to $charset: $EVAL_ERROR";
  }
  PTDEBUG && _d('Enabling charset for STDOUT');
  if ( $charset eq 'utf8' ) {
    binmode(STDOUT, ':utf8')
      or die "Can't binmode(STDOUT, ':utf8'): $OS_ERROR";
  }
  else {
    binmode(STDOUT) or die "Can't binmode(STDOUT): $OS_ERROR";
  }
}
```

위 내용만으로도 충분히 스키마를 변경할 수 있으므로 기타 파라미터에 대한 내용은 생략하겠다. 더 자세한 내용을 알고 싶다면 다음 문서를 읽어보길 권한다.

- http://www.percona.com/doc/percona-toolkit/2.2/pt-online-schema-change.html

다음은 root 계정으로 testdb에 접근하여 tb_a 테이블의 col01 칼럼에 인덱스를
추가하는 간단한 예다.

```
pt-online-schema-change --alter "add key(col01)" D=testdb,t=tb_a \
--no-drop-old-table \
--no-drop-new-table \
--chunk-size=500 \
--defaults-file=/etc/my.cnf \
--host=127.0.0.1 \
--port=3306 \
--user=root \
--ask-pass \
--retries=20 \
--charset=UTF8 \
--execute
```

pt-online-schema-change를 사용할 때 다음과 같은 사항에 주의해야 한다.

① 모니터링

pt-online-schema-change 툴을 사용하여 서비스할 경우 서비스 중에 스키
마 변경은 할 수 있지만, 서비스에 영향을 줄 수 있다. 모든 것이 쿼리 기반으로
동작하기 때문이다. 따라서 DB 리소스가 부족한 시간에는 되도록이면 스키마
변경을 수행하지 않는 것이 좋다.

그리고 바이너리 로그가 활성화된 상태라면, 바이너리 로그가 급격하게 늘어나
지는 않는지 주기적으로 모니터링해야 한다. 특히, 대용량 테이블을 변경할 때
에는 DB 데이터뿐만 아니라 바이너리 로그도 급격하게 증가하기 때문에 관련
디스크 상태를 반드시 모니터링해야 한다.

② 스키마 변경 중단 및 임시 테이블 정리

만약 스키마 변경 중에 문제가 발생하여 중도에 멈추고 데이터 임시 테이블을 정리해야 한다면, 반드시 원본 테이블에 걸린 트리거를 제거한 이후에 임시 테이블을 제거해야 한다. 만약 이 순서를 따르지 않으면, 트리거 실행 시 참조하는 테이블이 없기 때문에 서비스에서 유입되는 데이터 변경이 정상적으로 수행되지 않는다. 즉, 장애가 발생한다.

특정 DB에 있는 트리거 리스트는 다음과 같이 확인할 수 있다.

---

```
SHOW TRIGGERS FROM 데이터베이스명;
```

---

트리거로 데이터 변경 작업이 수행되고 Insert ignore 구문으로 데이터를 복사하기 때문에, 다음과 같은 사항도 주의해야 한다.

① 트리거

앞에서 설명한 것과 같이 pt-online-schema-change에서는 스키마를 변경하는 동안 원본 테이블과 신규로 사용할 테이블 간의 데이터 동기화는 트리거를 사용하여 동작한다. 원본 테이블에 발생했던 데이터 변경 직후 트리거가 즉시 발동(AFTER TRIGGER)되어, 신규로 사용할 테이블에 그대로 데이터를 복제한다. 그러므로 AFTER 이후에 발생하는 트리거를 사용하는 중이라면, pt-online-schema-change를 사용할 수 없다.

② Primary(Unique) Key

Primary Key 혹은 Unique Key가 있어야 한다. Insert ignore를 통해 기존 데이터를 복사할 수 있었던 것은, 특정 행의 유니크 속성을 보장할 수 있는 키 덕분에 가능했다. 만약 Primary Key나 Unique Key가 없다면 pt-online-schema-change를 사용할 수 없다.

③ Foreign Key

Foreign Key를 통해 스키마를 변경할 테이블을 다른 테이블에서 논리적으로 참조하고 있다면, pt-online-schema-change를 사용할 수 없다.

만약 pt-online-schema-change로 테이블을 변경할 계획이 있다면, 테이블 설계 단계에서부터 앞서 언급한 사항을 명확히 이해하고 테이블을 구성해야 한다.

## 6.2.5 MySQL 5.6 버전의 Online Schema Change과 비교

MySQL 5.6 버전에 포함된 InnoDB는 Online Schema Change 기능을 제공하는데, 이에 대해 간단하게 살펴보고 기능을 비교해보자.

Online Schema Change는 pt-online-schema와는 달리 트리거를 활용하여 스키마를 변경하지 않고, InnoDB 스토리지 엔진 내부적으로 데이터 변경 이력을 별도로 관리하여 테이블 스키마 변경을 수행한다. 때문에 pt-online-schema-change처럼 스키마 변경을 위해 트리거 생성/삭제 등의 추가 작업을 하지 않는다.

스키마의 변경 동작을 알아보기에 앞서, 스키마 변경을 위한 'Algorithm'과 'Lock Mode'에 대해서 살펴보자. Algorithm은 온라인으로 스키마를 변경할 때 어떠한 방식으로 동작하는지에 관한 내용이다. 쉽게 말해 스키마 변경을 기존 데이터 파일에 적용할지 혹은 새로운 복제 테이블을 만들어서 데이터를 복사하는 방식으로 동작할지에 대한 내용이다. Lock Mode는 스키마 변경 시 필요한 테이블 잠금에 대한 내용인데, Shared 또는 Exclusive Lock인 경우에는 온라인으로 스키마를 변경할 수 없다.

표 6-10 스키마 변경을 위한 알고리즘과 Lock Mode

| 알고리즘 | | |
|---|---|---|
| | INPLACE | 테이블을 Copy하지 않고 기존 데이터에 스키마 변경<br>ex) alter table t1 add key idx01(j), algorithm=inplace; |
| | COPY | 스키마 변경된 복제 테이블 생성 후 기존 데이터를 복사하는 방식<br>alter table t1 add key idx01(j), algorithm=copy; |

| Lock Mode | NONE | 스키마 변경 시 데이터 변경이 가능한 모드 |
|---|---|---|
| | SHARED | SELECT 만 가능 - 온라인 스키마 변경 불가 |
| | EXCLUSIVE | 모든 쿼리 불가 - 온라인 스키마 변경 불가 |

각 Operation의 내부적인 동작에 대해 간단히 표로 정리했다. 표에서 Writable 이 'no'인 경우 온라인으로 스키마를 변경할 수 없다.

표 6-11 Operation에 따른 스키마 내부 동작 비교

| Operation | IN-Place | Data-Copy | Writable | Readable | 설명 |
|---|---|---|---|---|---|
| ADD KEY / DROP KEY | yes | no | yes | yes | 단, Fulltext Index인 경우 온라인 스키마 변경 불가 |
| SET default | yes | no | yes | yes | .frm파일만 변경 (기존과 동일) |
| Rename Column | yes | no | yes | yes | 동일한 데이터 타입 변경만 DML가능 |
| ADD column / DROP column | yes | yes | yes | yes | Auto-increment 속성의 칼럼 추가 시 데이터 변경이 불가하며, 알고리즘이 INPLACE일지라도, 여전히 데이터를 Copy하는 형태로 동작 |
| CHANGE row_format, key_block_size | yes | yes | yes | yes | |
| Make column Nullable | yes | yes | yes | yes | |
| ADD primary key / | | | | | |
| DROP primary key | yes | yes | yes | yes | |
| Convert(Specify) character set | no | yes | no | yes | |
| Rebuild with FORCE option | no | yes | no | yes | |
| Change Data Type | no | yes | no | yes | 스키마 변경 도중 SELECT만 가능 |

Online Schema Change는 대단히 매력적인 기능임에는 틀림없다. 별다른 액션 없이 온라인으로 스키마를 변경할 수 있으니, pt-online-schema-change 같은 툴을 사용하지 않아도 되는 것처럼 보인다. 그러나 MySQL 5.6 버전에서 온라인으로 스키마를 변경하려면 앞에서 언급했던 것처럼 내부적으로 테이블에 데이터 변경 이력을 관리해야 한다.

이것과 관련된 파라미터는 innodb_online_alter_log_max_size인데, 기본값은 128MB이다. 만약 데이터 변경 로그 크기가 이를 초과하면 DB_ONLINE_LOG_TOO_BIG 에러가 발생하며 스키마 변경이 실패한다.

물론 이 경우, 온라인 상으로 innodb_online_alter_log_max_size 크기를 현재 설정된 값보다 더욱 크게 상향 조정(하단은 1G로 설정)할 수 있다. 설정 방법은 다음과 같다.

```
set global innodb_online_alter_log_max_size = 1024 * 1024 * 1024;
```

마스터/슬레이브 환경에서는 반드시, 스키마 변경 이전에 마스터와 슬레이브에 명시적으로 위와 같이 선언해주어야 한다. 파라미터 변경에 대한 쿼리는 바이너리 로그로 기록되어서 슬레이브로 전달되지 않기 때문이다.

만약 초대형 테이블(수십 기가) 스키마를 변경할 경우, 덧붙여 변경할 테이블의 데이터가 빈번하게 변경된다면 innodb_online_alter_log_max_size를 늘려서 스키마 변경을 해야 하는데, 이럴 때 추가 할당한 메모리로 인해 기존 서비스에 영향을 줄 수 있다. 그러니 초대형 테이블일 경우에는 pt-online-schema-change를 사용하여 테이블 스키마를 변경하기 바란다.